U0061619

跟着東大留學生走讀江戶日本

陳健成 著

策劃編輯　　梁偉基
責任編輯　　梁偉基
書籍設計　　a_kun　陳朗思
書籍排版　　陳先英

書　　名　　跟着東大留學生走讀江戶日本
著　　者　　陳健成
出　　版　　三聯書店（香港）有限公司
香港北角英皇道四九九號北角工業大廈二十樓
香港發行　　香港聯合書刊物流有限公司
香港新界荃灣德士古道二二〇至二四八號十六樓
印　　刷　　美雅印刷製本有限公司
香港九龍觀塘榮業街六號四樓 A 室
版　　次　　二〇二三年七月香港第一版第一次印刷
規　　格　　大三十二開（132 mm × 210 mm）二六四面
國際書號　　ISBN 978-962-04-5275-8

Published & Printed in Hong Kong, China.

上　德川家康三百年祭紀念大名行列。（梁偉基提供）

下《假名手本忠臣藏》八段目。（梁偉基提供）

上　松江城，位於今島根縣松江市殿町。因其飛揚的檐角形似飛鳥展翅，因此別稱「千鳥城」。（梁偉基提供）

下　名古屋城，位於今愛知縣名古屋市。因擁有裝飾於樓頂正脊兩端的由黃金打造的鴟吻——金鯱，因此別稱「金城」、「金鯱城」。（梁偉基提供）

上　新宿鐵炮百人組巡遊。（筆者攝於 2015 年）

下　平戶兒誕石。據說，鄭成功母親田川氏在平戶的海邊散步忽然作動，就在這裏誕下鄭成功。（筆者攝於 2022 年）

上　位於久里濱海邊的北美合眾國水師提督伯理上陸紀念碑。（筆者攝於 2010 年）

下　對馬宗家文書。典藏者：九州國立博物館。創用 CC 姓名標示 4.0 國際（CC BY 4.0 International）。發佈於《開放博物館》[https://openmuseum.tw/muse/digi_object/78883dc5164285667d951dac3ce2e15d#115501]（2023/05/03 瀏覽）。

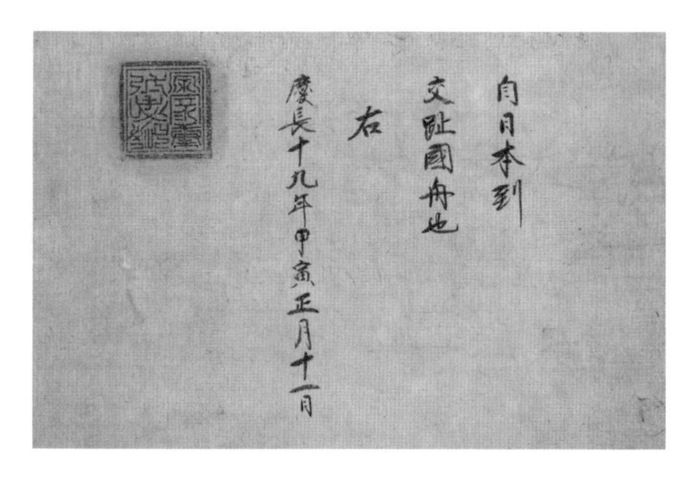

自日本到
交趾國舟也
右
慶長十九年甲寅正月十一日

上　德川家康交趾渡海朱印狀。典藏者：九州國立博物館。創用 CC 姓名標示 4.0 國際（CC BY 4.0 International）。發佈於《開放博物館》[https://openmuseum.tw/muse/digi_object/c566f8fae5253b23d517b28ace88da84#115499]（2023/05/03 瀏覽）。

下　東都名所：吉原仲之町夜櫻。典藏者：東京國立博物館。創用 CC 姓名標示 3.0 台灣（CC BY 3.0 TW）。發佈於《開放博物館》[https://openmuseum.tw/muse/digi_object/5bf3823cc5c935e50ad2faca48a30cc6#108731]（2023/05/03 瀏覽）。

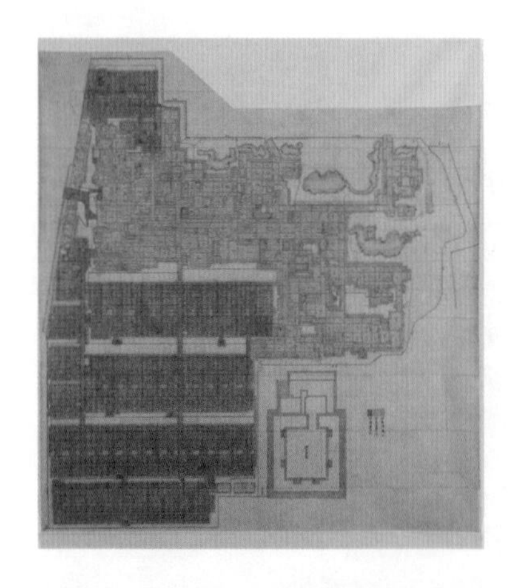

上　江戶城本丸大奧總地圖。典藏者：東京國立博物館。創用 CC 姓名標示 4.0 國際（CC BY 4.0 International）。發佈於《開放博物館》[https://openmuseum.tw/muse/digi_object/0c77920328bffde12fc2cb08b41f7508#115505]（2023/05/16 瀏覽）。

下　《假名手本忠臣藏》四段目。典藏者：東京國立博物館。創用 CC 姓名標示 3.0 台灣（CC BY 3.0 TW）。發佈於《開放博物館》[https://openmuseum.tw/muse/digi_object/53524e28cc2748eb37e5ebe7a26e3d27#108098]（2023/05/03 瀏覽）。

貼在戶隱神社的千社札。（筆者攝於 2022 年）

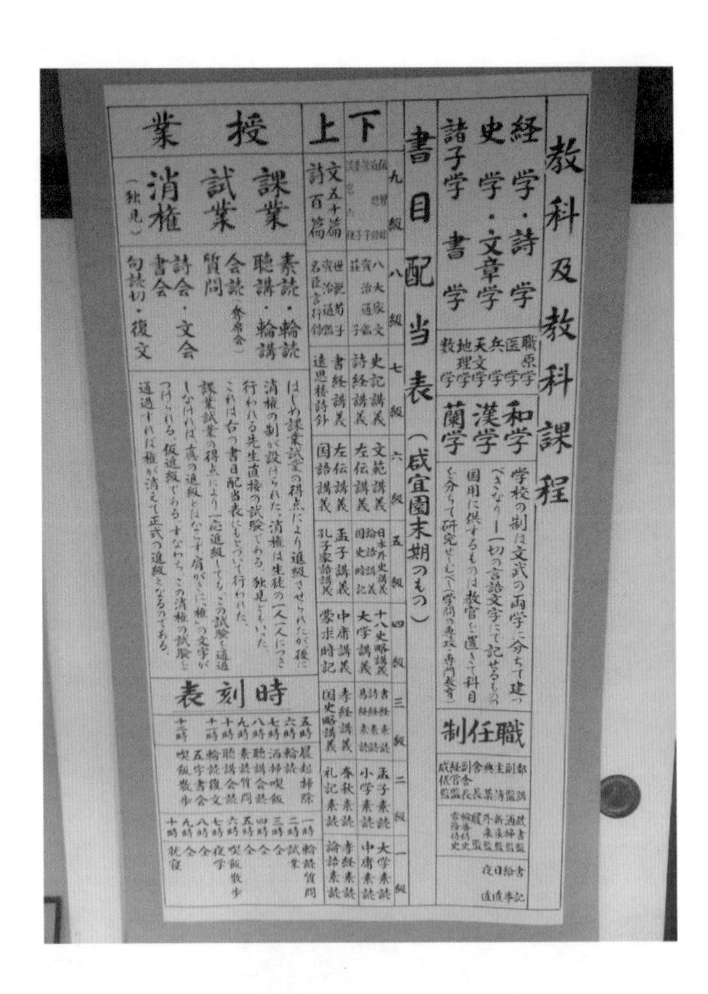

咸宜園（大分縣日向市）復原的課程表。（筆者攝於 2014 年）

今日原址復原的出島中甲必丹部屋宴會的場景。（筆者攝於 2022 年）

葛飾北齋《富嶽三十六景》之《神奈川沖浪裏》。典藏者：東京國立博物館。公眾領域貢獻宣告（CC0）。發佈於《開放博物館》[https://openmuseum.tw/muse/digi_object/c64212c705a53a3c3dfafc5d141ddcae#102175]（2023/05/30 瀏覽）。

目 錄

推薦序

陳健成君作為國費留學生入讀東京大學的研究生課程後，已在本校治學了十多年了。我被他委託為他即將出版的一本關於日本近世史的書作序，姑聊記如下。

雖然本業是明代思想，但陳君在幾所私立大學兼職時也負責關於日本思想的課堂，故亦查閱了各種書籍，以便為日本的大學生提供準確的史實。這書不是陳君將所得知識簡單列舉，而是他通過自己的見解來傳達這些知識之作。大概由於陳君自己的興趣，該書在結構上強調思想文化和國際關係，並為讀者提供了一幅生動的江戶時代的畫面。

特別是關於教育系統的論述中，介紹了與地位和性別相對應的學校，以及對負責外交政策的人的思想、言行的描述，如日本和朝鮮之間的關係，都特別豐富多彩。也許因為這些都是陳君自己生活中敏銳關注的問題。雖然讀到在我在東大的課堂上，可以看到江戶時代講學的影響那段有些好笑，但這表明在江戶時代的日本已經存在一種尊重自由討論的氛圍。這使日本得以在 1868 年明治維新後，到 1890 年帝國議會成立之間，廣泛而深入地採納了西方自由主義思想。在十九世紀後半葉，前身為武士的中村正直、福澤諭吉、中江兆民，率先宣導「自由」的價值，強調人們必須自己思考，為自己的決定負責，而不是盲目地追隨權威和權力，這不只單純是由於他們的個性或時代，而是根植於江戶時代以來的這些傳統。

在過去，人們普遍認為培理 1853 年到來之前（蒸汽船 = 上喜撰）的時期是黑暗時代。然自二十世紀八十年代以來，各種研究已否定此說。特別如速水融從經濟史的角度證明了江戶時期的經濟發展，並提出了與西方工業革命（industrial revolution）相對應的勤勉革命（industrious revolution），從而打破了將西方作為普世模式的頑固史觀。文化史方面，芳賀徹強調了日本二百多年來沒有內戰和外戰的事實，並將之與十七至十九世紀處身持續的戰爭時期的西方對比，稱江戶時代為（繼羅馬治世 Pax Romana 之後的）德川治世（Pax Tokugawana）。只有了解江戶時代，才能理解為甚麼日本會是今天的樣子。

在今天，以中文為母語的人（即本書的讀者），儘管處境因居住地和環境的不同而各異，應該都面臨着巨大的困難。中華治世（Pax Sinae）尚未實現。我希望陳君對日本歷史的看法能給讀者帶來啟發，並在各位為選擇自己的道路（即自由）上有所貢獻。

癸卯立夏

海東　小島毅

（陳健成譯）

自序

如果日本的現代化以明治維新為里程碑的話，之前最後一個前現代的時代，就是一般以德川家康在1603年就任征夷大將軍開始，到1868年明治天皇改元為止的江戶時代。在這二百六十多年來管治日本列島的江戶幕府，結束了之前軍閥混戰的戰國時代，將秩序和穩定帶給幾個世紀以來對這兩者都知之甚少的日本列島。在幕府統治下，日本國內發展成為一個等級森嚴的社會，而在十九世紀西方人以炮艦外交的形式來到日本之前，幕府維持將對外貿易和接觸限制在少數指定的港口和國家，使日本在長期、太平和隔離的體制下發展出不少影響至今的文化。

想到江戶時代，是一個開始和結束都比清朝早約四十年的時代的話，就可知本書是一項試圖用很短的篇幅全面介紹清朝一樣困難的挑戰。為免博而寡要，本書沒有如流水賬按時間先後，橫切江戶時代不同時間的各種面貌，而是就塑造江戶時代的主題和問題，分類介紹這二百多年間的大事和流變。在兼顧趣味性的同時，盡量介紹筆者所能把握到的最新的學術研究成果，以期讀者各位在享受歷史「故事」的同時，也能理解到歷史事件背後支撐人們言行的理念和環境。還有，對於日本文化有一定程度認識的讀者，書中也嘗試澄清一些既有概念的內容。

考慮到日本當代社會和文化的許多方面都源於江戶時代，如本書能作為讀者對江戶時代歷史的入門讀物，進而有助了解日本社會、文化的現在和未來，則作為筆者，善莫大焉。

第一章

權力與政治

在江戶幕府成立之前的戰國時代，是日本各地諸侯互相爭雄的時代，但在德川家康建立了幕府後，以軍事優勢為權力基礎，透過參勤交代等制度控制諸侯，建立起將軍和大名之間嚴謹的上下關係；以及作為「武家」，對在京都的「公家」朝廷的壓制，為歷代幕府之最。本章介紹幕府的組織架構、經濟基礎、法律制度等，指出江戶日本是一種複合型國家，幕府和各藩之間有着競爭和合作的關係。另外，本章亦介紹了作為新興都市的江戶的發展，以及與大阪、京都之間的競爭關係，還有江戶時代日本人對中央和地方的概念。

關原之後

在江戶時代前的戰國時代，因為電子遊戲及電視節目等流行文化的宣傳，大概是很多讀者對日本史最為認識的部分。簡單來說，戰國時代就是日本、但不包括今天北海道各地方首領互相攻伐的一段歷史。那些地方領袖稱為大名。這詞本來是指由平安時代起各種需向朝廷納稅、稱為名田的田地的負責人，因其相對大小而稱為大名和小名，後來泛指地方上的豪族，特別是武士集團的首領。開展了江戶時期的那個幕府是由德川家康所建立的，他也是大名出身。

這些大名在 1590 年小田原之役後短暫臣服於豐臣秀吉，形成了十六世紀末日本國內短暫的和平，但在秀吉死後大名之間又開始互相傾軋。家康本來也是臣服於秀吉的其中一位大名，一向以恭順著稱。譬如秀吉讓他由祖上世代居住、自己經營多年的三河（今靜岡縣一帶），搬到當時仍然十分荒蕪的江戶，他也答應了。後來在侵略朝鮮的文祿、慶長之役[1]中，德川家康作為少數未被派到朝鮮作戰的大名，實力變得相對於曾在朝鮮與明鮮聯軍大戰過的大名為強大。

豐臣秀吉手下作為奉行[2]的石田三成，負責侵朝日軍的物資調度，但在朝鮮水軍不斷騷擾下，補給難以為繼。在朝鮮的各大名認為這是三成的責任，而作為能吏為秀吉賞識的三成一方面心高氣傲，另一方面對朝鮮水軍的優勢也確實無計可施。雙方關係在戰時就很惡劣。1598 年，秀吉死，豐臣政權向在朝日軍下令撤兵，各大名歸國後，把在戰場上所嘗到的困怨，都指向作為奉行的石田三成。

就這樣，家康巧妙地利用了他們對三成的不滿，特別是團結了在關東地區的各大名，而三城的勢力則主要在大阪一帶。到 1600 年雙方終於撕破臉，聚兵

1　文祿、慶長之役：中國稱為萬曆壬辰之役，朝鮮稱為壬辰倭亂。
2　奉行：負責具體事務的官員。

共二十萬，在關原（在今岐阜縣）會戰。這時即使是受過秀吉恩惠的大名，為了報復三成，有很多大名在此戰中也加入了家康陣營。而三成即使舉起「守護豐臣家天下」的旗號，也不能得到他們的心。戰事的結果是三成戰敗，被捕斬於京都。

之後，家康斬草除根，對他從前所臣服的豐臣氏發動了兩次大阪之役，最終消滅了豐臣氏。

家康與中國史裏歷朝開國君主那種掃平群雄、一統天下的做法不同，而和之前幾代幕府的開創者一樣，並沒有把所有大名都消滅，而是作為代表武士階級、各大名的首領，去管轄各大名。他沒有加入到京都的朝廷做官，而是在形式上得到朝廷任命為征夷大將軍，開設了將軍自己的幕府。因為家康和麾下都是武士，所以他們處理政務的地方，也沿用行軍打仗時那種在帳幕辦公的意思，故稱幕府。幕府一詞當然來源自中國，但並不像明清兩代那種總督和巡撫，自行招募回來的那種智囊班底的形象，而是作為統治了日本二百多年的正式行政機構。在日本史上，江戶幕府，也稱為德川幕府，是第三個由武士建立的幕府政權，之前還有鎌倉幕府和室町幕府。

於是，一個以德川氏為中心的新的大名秩序被建立起來。

幕藩體制

這些大名在江戶時代被冠以「藩」這個漢風的稱呼。除了被稱為「天領」的幕府直轄地[3]，全國其他土地上存在了二百多個藩，由幕府統制。故這種政制稱為幕藩體制。也正因這種由幕府控制各大名、以至可以加減和轉變他們土地大小的體制，很像中國史上藩王從屬於皇室的處境，在由日本人用漢文書寫的史書中，也稱他們為「諸侯」。

根據其背景，大名大概分為三種：親藩、譜代、外樣。

親藩大名是指從德川家族提升為大名者，包括尾張、紀伊和水戶所謂「御三家」，他們來自家康的其中三子，在江戶中後期將軍的嫡系絕後，將軍就由這三家的子孫中選出，以及越前、松江、高松、會津的松平家。德川家原姓松平，所以他們其實是一家人。到第八代將軍德川吉宗時，又讓自己的次子德川宗武創設了田安家、四子宗尹創設了一橋家，第九代將軍德川家重又讓次子德川重好成立清水家，是為「御三卿」，其家格僅次於「御三家」。

3　幕府直轄地：包括關西重要的物流城市、豐臣家的舊勢力範圍大阪，與荷蘭人和中國人貿易的長崎港，富含金礦的佐渡島等。

譜代大名是在關原之戰前家康的手下或加入其陣營的大名，包括井伊、酒井、土井、堀田等家。幕府重臣如相當於宰相之一的老中、老中以下的若年寄，多出自譜代大名。

外樣大名則是相對於德川系大名的舊族大名和織田信長、豐臣秀吉所封大名的統稱。他們很多是在關原之戰被迫臣服，而本來就擁有雄厚實力的，如加賀藩前田家、薩摩藩島津家、仙台藩伊達家的領地生產力，各自高達一百零二石、七十萬石、六十二萬石左右，三者皆屬外樣大名。這些外樣大名幾乎都處於東北或九州等遠離江戶的地帶。而親藩大名和譜代大名佔有富庶的地區，或設在江戶周圍，拱衛幕府，親疏儼然有別。

大名又可按其領地的大小分為國主、准國主、城主、城主格（相當於城主）、無城等。

戰國時代在今天成為電影和遊戲等流行文化的創作素材，許多性格獨特的大名仍然出現在時代小說和歷史劇中，他們膾炙人口的故事受到大眾到今天的歡迎。但到了江戶時代，這些原本各有特色的大名的光彩，都在幕府的牢牢控制下變得黯淡。

幕府控制大名的基礎是重組和改封領地。在關原之戰後，家康清算加入西軍（石田三成一方）的大名，沒收了他們的領地並分配給曾在東軍（己方）中出力的大名，或將部分改為幕府直轄地。這樣一來，秀吉時期的大名佈局發生了重大變化，特別是在東海（今靜岡縣附近）附近。家康將位於這些地區的許多藩主流放或轉移到邊緣地區。至於犯下大錯的大名，家康都毫不猶豫地廢除該藩，或要其退隱。

而在豐臣氏滅亡的當年，就發佈了《一國一城令》。這一般理解為一個藩只能擁有一個城。具體來說，這個「國」並不是指各藩，而是指在718年《養老律令》制定後所劃分的全國幾十個的國。例如今天東京一帶就是武藏國。人們所喜愛的日本巨峰提子，主要產於今天長野縣，長野縣從前就是信濃國。所以套在江戶時代，如果一個藩橫跨兩個國，原則上可以擁有多於一個城的。因此可以簡單地理解為限制大名在自己領土上所能擁有的城的數目——不僅為了防止他們擁有對抗幕府的設施，也令大名之間攻守失據，減少糾紛。

更重要的是，同年頒佈的《武家諸法度》，通過法制運作進一步加強控制大名。《武家諸法度》一開始有十三條，隨着時間推移，有所增改，主要內容是從法理上將諸大名置於和幕府的主僕關係之下，各藩有義務負擔幕府的軍役[4]和普請役[5]。

幕府又將他們的家室留在江戶藩邸，讓他們每半年，在自己的封地、每半年留在江戶，即所謂參勤交代之制[6]。像外樣大名的領地偏遠，來回一趟需時甚長。至於那些離江户比較近的大名，幕府又延長了他們在江户的時間。這樣大名長期不在領地，藩政傾向交予家臣處理。一些大名由此而被家臣架空。

雖然近年有說法指諸大名朝見有力大名（如秀吉）是戰國以來的慣例，而且大名的行列也振興了沿途經濟，有着正面影響云云。但即使一開始時是主動討好，這事在《武家諸法度》中卻是被明文規定，有着強制的意味的。而無可否認的是，每年往返江戶與封地之間所需要的排場、中間對道路的修築、到江戶後各藩之間的面子競爭，都損耗了各大名的大量資源。巧合的是，在遙遠的西方，差不多同時代的法蘭西的太陽王路易十四（Louis XIV），也在凡爾賽宮安排各種奢華的宴會和典禮，讓貴族將金錢都花費在奢侈的競賽以及繁文縟節上——東西方兩個國家在應付王權

4 軍役：軍事任務，如到今日被稱為北海道的蝦夷地，擔當警備當地土著愛奴人和俄羅斯人的任務。

5 普請役：修橋補路等工程，更有像修築江戶城那種要求大部分大名出錢出力的大型工程，稱為天下普請。

6 參勤：參謁、出勤之意，也因在日語發音與參覲相同，也寫作參覲。交代：日語中輪換之義。

的威脅上，可謂有異曲同工之妙。

這樣，幕府權力的基礎得到了確立和穩固。權力和社會的框架，令將軍和大名之間的關係變得相當嚴謹的上下關係。大名之間以及與公家之間不能隨意通婚，外樣大名不得為老中、若年寄等規定多如牛毛。戰國時代，農民可以靠自己的努力揚名立萬，秀吉就是個好例子，江戶時代的身份和階級則接近絕對。當然，這一切的基礎，就是幕府的軍事優勢，令各大名直到幕末為止，都沒敢在軍事上對抗幕府。

江戶幕府是個內部也規矩森嚴的組織。即使原則上有資格拜見將軍的旗本[7]，一年能見到將軍的也只限於數次朝會。祖先世代以來都以武藝自誇的武士（事實上是否如此是另一回事），在江戶時代變成匍匐在地上，等候將軍說聲「抬頭」（面を上げよ），才准抬頭拜見天顏。這樣的排場和氣氛規模，不必說京都的朝廷，清朝皇帝也是可比擬的。

幕府組織

在幕府內部，將軍有時會設大老，由井伊、酒

7　旗本：將軍的直屬武士，封地生產力在一萬石以下，有資格面謁將軍者。

井、土井、堀田四家在早年已追隨德川家康的功臣子孫擔任。但大老不常設，故常設的最高職位為老中。老中有四五位，其首稱為筆頭老中或老中首座。他們在御用部屋每月輪值，討論政務。御用部屋的職能以及老中輪值的方式，與清朝軍機處及其軍機大臣非常相似。

老中之下有管理江戶市政的町奉行（二人）及負責金錢出納和訴訟的勘定奉行（四人），與管理宗教團體和設施的寺社奉行（五人），合稱「三奉行」。同有奉行之名但不在江戶的，還有遠國奉行，包括三處町奉行，包括京都、大阪、駿府和十三處地方奉行（神奈川、兵庫、長崎、佐渡、伏見、山田、奈良、日光、堺、浦賀、下田、新瀉、箱館）。京都町奉行和長崎奉行，分別因前者駐於皇宮外的二條城監視皇室和朝廷，後者則作為與中國、荷蘭等的外貿港而特別重要。

老中之外尚有若年寄，主要通過屬下的目付[8]監視旗本。另有一職稱為大目付，負責監視譜代大名和外樣大名，則不屬若年寄而直屬老中。

幕府的常備軍稱為番方（番是值勤之意），又稱

8　目付：字面的意思是監察。

三番組[9]，由旗本及其子弟編成。大番十二組（五十名一組），輪戍江戶城、京都二條城（將軍的駐京辦）及大阪城，戰時宿衛將軍左右，由老中統領；書院番[10]十組，將軍出外以及出席各種儀式時扈從；小姓番八組，宿值城內，是將軍的侍衛，與書院番都由若年寄統率。各番有番頭一人、組頭一人（大番為四人）、番士五十人，各組內有稱為「同心」、「與力」的下級武士三十人。

比旗本身份較低但仍直隸將軍的武士是御家人。他們被編為徒士（步兵）組[11]、鐵炮百人組等約三十組，負責江戶的各種防衛任務。

比如東京新宿附近還有百人町的地名，原本是鐵炮百人組的駐地。他們全用火槍，據說是一旦江戶城失守、將軍西逃時，保衛他走向八王子方向的。到今天仍有愛好者復原當時的服裝和火槍，隔年演示。

據 1704 至 1711 年的記錄，旗本約五千三百人，無資格面見將軍，即「御目見以下」的御家人約二萬三千人。如果把他們各自的家臣一併計算，則有近八萬人。故江戶時代一直稱呼將軍的直屬武力為「旗

9 三番組：大番組、書院番組、小姓番組。
10 書院番：書院不是教育設施，而是指日本建築中接待空間。這裏特指江戶城中的書院。
11 今天東京 JR 山手線仍有御徒町站，就是當年他們的宿舍所在。

本八萬騎」。當然，所謂「騎」只是對他們有資格乘馬的雅稱，實際的騎兵其實相當少。日本馬本來身材就不算高大，不適合作為戰馬衝鋒陷陣。幕末日本和法國建交後，法國為幕府訓練陸軍。拿破崙三世（Napoléon III）還特意送來阿拉伯馬，希望改善日本馬的品種。

幕府的經濟基礎也是各藩無法相比的。據統計，幕府直轄地在 1688 至 1704 年的生產力達到四百萬石，在 1744 年達到了四百六十三萬石的高峰。幕府直轄地分佈在全國各地，由幕府任命的代官管理，佔總數百分之十五點八。田地之外，全國各地的主要礦場、港口、交通樞紐和商業都市，都被納入其直轄地，其中佐渡和生野（分別在今新潟縣和兵庫縣）的金銀礦，以及負責接待荷蘭和華商的長崎，就是著名例子。

朝廷和幕府的關係

不少人可能對日本史的印象，都是威風凜凜的武士在舞刀弄劍，互相要爭霸日本。細心一點、特別是對中國史也有造詣的讀者，可能會有這樣的疑問：那日本天皇為何不會壓制武士的爭鬥？掌權的為何是將軍而非天皇？事實上，雖然中日兩國在歷史上都出現帝制，但兩國的政權結構，使各自皇室的角色也大為不同。中國從宋朝以後，政治權力越來越集中在皇帝手上。皇帝是人間最高主宰這樣的存在及形象，通過小說和戲曲，很早就深烙於中國人心裏，直到今天。

相比之下，日本在最近一千年的歷史中，天皇並非掌握統治權的一方。在約十一世紀之前，日本是以京都的朝廷為中心，向全國派遣國司治理各地。但從平安時代開始，平安貴族沉迷於享受和文化發展，對實際政治變得漠不關心。在地方上，國司的權力漸漸下放到富農，讓他們代為控制地區和收稅。地方社會的階層漸趨分化，積累到資本和土地的土豪，得以控制因破產而失業的小農。結果，國司難以根據戶籍來徵收維持中央政府所需的稅款。這樣，土豪確立了自己作為本地統治者的地位，其中武藝高強的就被稱為武士。當然，實際情況比這複雜很多。

在平安時代末期，平清盛通過幾次軍事行動，使統治貴族認識到其實力，從而確立了自己的軍事權威。他是首名被任命為太政大臣[12]的武士，並上台執政。平氏政權被認為是第一個武士政權，因為它通過

---

12 太政大臣：相當於中國古代三公那種名譽職務。

家臣制度將來自全國的鬆散的武士組織起來。與平氏為敵並將之消滅的源賴朝，後來在距離京都四百多公里外的鎌倉開創了幕府，延續了武士政權，並改進其體制。其中天皇嘗試過收回政權，例如後醍醐天皇的建武新政，但都不成功，甚至引發了朝廷和武士之間的強烈對立，武士甚至插手到皇位的繼承，分裂出南北朝。

鎌倉幕府之後，還有由足利義滿所建立的室町幕府，以及本書所討論的江戶幕府。撇開幕府這個名稱，江戶幕府成立之前，有名的織田信長和豐臣秀吉，雖然沒有使用到幕府的稱號，也不要求被封為將軍，但他們無疑也是武士政權。

日本的政權從此二元化，或者說是政權和治權分離，分別握在朝廷和幕府之手。武士政權被稱為武家，與之相對、原本京都的朝廷被稱為公家。在日本史學界的著作裏，提到「朝幕」、「公幕」，就是指原本的朝廷和武士政權之間的關係。

失去治權後的天皇和朝廷公卿，逐漸成了傳統文化的繼承者——他們本來就樂於也精於和歌、蹴鞠、賞花、書法等技藝，也許還讓他們在面對殺氣騰騰的武士的無力感中，保持了一種自豪感和優越感。正因如此，嚮往傳統文化的大名，對他們有一種憧憬。譬如豐臣秀吉，雖然是不折不扣的軍閥，但比起要成為幕府的將軍（武家），他請求朝廷封他為關白大臣[13]，讓他名義上成為朝廷公卿（公家）；也讓其他大名帶上大納言（正三位）、中納言（從三位）等職名，讓武家與公家合流。到家康在關原戰後獲得霸主地位時，他重組了公卿制度之餘，卻讓任職朝廷官職和幕府役職[14]的人分開。於是，從江戶時代中期開始，幕府內只有如「御三家」和「御三卿」的少數武家得以在名義上擔任朝廷官職，其他各大名就只有金澤的前田家。

說點題外話，公家之中漸漸又分出所謂「堂上家」，專指從三位以上或在四五位中被特許上殿的官員。這些高級公卿在明治維新後一直存續，被列為華族，甚至在戰後華族階級被廢後，他們仍然擁有自己的社團——霞會館。

相比這些峨冠博帶、塗脂抹粉，連外表也好像花瓶一樣存在的公卿，皇室不是能籠絡和討好的對象，反是一直威脅到幕府存在的權力正統所在。江戶幕府前三任將軍是前往京都接受朝廷任命為將軍的諭旨的。而由第四任的家綱因為年輕，遂在江戶城接受

---

13 關白大臣：語出《漢書．霍光傳》，本來是報告政務的意思。日本朝廷使用這個典故來任命重臣，位同中國的宰相。
14 幕府役職：名義上的軍銜，詳細名稱可見於幕末編纂的史料《柳營補任》。

諭旨。這種由名義上的老闆把聘書直接送到家中的做法，遂成慣例。

這只是輕視朝廷的一例。深明權力之道的江戶幕府，為了牢牢地將治權控制在手上，就像透過《武家諸法度》在法理上限制各大名一樣，對朝廷制定起比前代幕府更嚴苛的規條，即所謂《禁中並公家諸法度》十七條。其中每一條都包含着嚴重的議題，但最有爭議的是第一條，其中明訂：天皇要以學問為首要，研習《貞觀政要》、《群書治要》等典籍，和歌也可兼習，但總言之就是將天皇定義為研究傳統學問的學者、文化的繼承人，與治國無關。之後各條包括對皇族、公卿、僧侶的地位，以及改元問題等各種規範。《禁中並公家諸法度》公佈後不久，就發生了朝廷和幕府衝突的紫衣事件。

朝廷一直有向僧尼賜予紫衣以示尊貴的做法，對於經費緊絀的朝廷，有時也是收入來源。1627 年，後水尾天皇賜十多位僧侶紫衣。幕府因朝廷沒有徵求其意見，故得知此事後，宣佈天皇的敕令無效，並禁止相關僧侶穿戴。大德寺的澤庵宗彭等僧侶拒絕屈服，在 1629 年被幕府流放。

據說，這導致了後水尾天皇憤而退位。要數這種事情，到幕府中後期還有幕府毫不讓步地拒絕光格天皇要為其生父典仁親王加上「太上天皇」的要求的所謂尊號事件。

不過，幕府在表面上得以作威作福，連天皇也不給面子，但其實幕府作為朝廷以外的存在，其統治的合法性一直縈繞不去。這問題到了幕末時期終於爆發起來，留待本書終章再作討論。

綜合以上情況，幕府把朝廷隔離開去，模糊掉政權的合法性問題，而自居為全國各地武士政權的頭領。學者認為這樣的江戶日本可說是一種複合型國家，幕府作為全國政治的中樞，而各地具體的治理，則歸屬各藩。對於一個藩而言，沒有侵犯到幕府的權威時，履行到參勤交代等對將軍盡忠的義務後，其實有相當的自主權。而面對其他藩，則儼然是個小型的國際社會。各藩之間有着經濟與制度競爭，有着自己的紙幣，採取不同的貿易政策。用筆者的話來說，那是在近代之前的一個比現代超級大國更加自由的"United States of Japan"。

作為都城的江戶

在室町時代，幕府設在京都，各大名爭鬥的重點都是「上洛」[15]——進入京都、控制幕府。而在德川家康將幕府設在江戶之後，政治的中心由是移到江戶。這城市就繁盛起來。其中很重要的原因也就是大名被逼來往封地和江戶之間的參勤交代，促進了權力中心的江戶與各地的交流。人和物的往來和集中，令江戶這城市的經濟文化發展，迅速而多樣。

江戶位於關東地區[16]東京灣內陸的水陸交通中心。得名的來歷有各種說法，而大概是地理位置上，靠近水源而得名之說，最廣為接受。這一帶在大化革新時被劃入武藏國。十世紀平將門之亂後，出現了江戶氏、豐島氏、葛西氏等地方武裝勢力。從其名稱可見，這些豪族乾脆就以地方為族名，這些地名不少也沿用至今。

古代和中世的府中[17]是武藏國的政治、經濟、文化的中心，但隨着江戶氏和太田氏的出現，江戶發展起來，府中在武藏國的地位被取代了。到了戰國時代，武藏國守護上衫家的家臣太田道灌，建造了一座有護城河和橋樑的城，而在這最早的江戶城南邊

15 「上洛」：京都是模仿唐代的洛陽和長安建成的城市，後來專用洛來代稱京都。
16 關東地區：從前指鈴鹿、不破、愛發三處關所以東之地，今日一般指東京都及茨城、栃木、群馬、埼玉、千葉、神奈川六縣的總稱。與之相對的關西，則多指京都、大阪、神戶及其相關地。
17 府中：今東京西部一個市鎮。

的品川和東邊的淺草，則被一併發展起來。江戶是荒川和入間川流域的河流交通和海上交通的聯絡點，於是也成了貨物集散基地。江戶從關東各地收集大米、布匹等，並通過海路運往鎌倉、伊勢，以至關西。與中國式首都，以及模仿洛陽、長安而建成的京都南北縱向、前市後宮的那種四平八穩的規劃不同。今天京都仍然是街道井然，像一塊棋盤。當地人編了兩首童謠，分別描述由北到南、由東到西的街道名。據說唱熟了，就不會迷路。相比之下，江戶一開始就更近似於以水道運輸為主，作為商業城市被開發出來的。

不過，德川家康於 1590 年 8 月來到江戶時，四周其實仍是一片濕地，非常荒涼。據說家康以打獵為名，遍巡關東一帶，之後決定了將利根川的入海口，由原本的江戶灣東遷到銚子的大規模治水工程。這減低了江戶被洪水侵襲的機會，也燥化當地沼澤，有助利用。

就這樣，家康通過移山填水、架設橋樑等方式，開闢了商住用地。到他成為將軍後，更命多達七十家的大名參與開發街區。於是、江戶的城市發展成以江戶城為中心，其周圍有各大名和旗本以及市民的宅邸，並與從城呈放射狀延伸的五街道[18]相結合。到了寬永年間（1624-1645），已開發了大約三百個小區，被稱為古町。

這裏特別要指出的是，日本的城是指平時作為大名的居所和行政機關所在的天守（城堡）以及其周圍的城牆，牆內並不包括各種民生設施。這與中國式的那種由牆壁包圍，內有各居處，最中心則是宮殿衙署（而非天守）的那種城，是兩種概念。

宏偉的天守是強大武力和權威的標誌。在家康、秀忠、家光首三代將軍的時期，維持宏偉的天守，也許對潛在反抗德川家的大名，有着軍事上和心理上的震懾作用。但到了第四代的家綱時，幕藩體制已經穩固。天守主要是作為軍械庫，戰時作為據點，在承平時存在意義不大。

於是，江戶城的天守在 1657 年的明曆大火被焚毀後，幕府以優先復興江戶市面的經濟為理由，只修復了其地基，始終沒有重建天守。從家康築起江戶城的天守到明曆大火，整整五十年過去了。幕府對自己的統治相當有信心，不需要在政治中心加設防禦。這

---

18 五街道：往名古屋方向的東海道，往日光東照宮方向的日光道，往東北方向的奧州道，往群馬、長野方向的中山道，從八王子起、在上諏訪與中山道交匯的甲州道。

表明德川幕府的治國重心，已從原來依靠武力應付來自大名對幕府的潛在威脅，轉變為在戰爭威脅消除後的文治。對於當時的人們來說，沒有天守的江戶城可能是更值得自豪的景象，可以體驗到和平。

話說回來，明曆大火燒毀了百分之六十的市面。於是，重建江戶時把一些大名的宅邸、寺廟、神社搬到郊外，並設置滅火場和分隔火勢的廣小路作為防火措施。江戶的市容由是得到改善。

而江戶的庶民生活，集中在所謂下町。下町的語源有指是因其地處於江戶城的周圍，是城下町的略稱，也有指是與地勢較高的山手（靠山的一邊）相對的低窪沖積區，而被稱為下町。江戶的下町形成了住宅、商店、作坊的混合區域，剛好和美式英語的 downtown 相呼應。用今日東京的地名來說，就是連接赤羽和品川的 JR 京濱東北線以東延伸的低平沖積平原上的日本橋、神田、淺草等地。而日本橋、京橋和銀座則發展為商業區。市區內水道多，各地建有稱為河岸的碼頭。隅田川有酒廠、木廠等幕府倉庫，下游有大米、雜糧、肥料、油料等的批發商和倉庫，日本橋有魚市場。直到今天，除了銀座和日本橋變成銀行和高級百貨店的區域，其他地方仍是這些行業和物料的集散地。

下町是江戶庶民活躍的區域。江戶人以身處「將軍膝下」（將軍の御膝元）為榮，也發展出各種庶民生活。江戶市民的活力在淺草的三社祭和富岡八幡宮的深川祭等慶典尤為突出。而許多文人墨客都喜歡郊外的田園風光。在向島百花園，文人大田南畝和畫家谷文晁享受時令鮮花。筆者居處附近的堀切菖蒲園也是江戶遺蹟，被保存至今。

與下町相對的是所謂山手，環繞東京中心所行走的火車路線亦因而命名，曾到東京旅行的旅客對這名詞都不陌生。相對於卑濕的下町，乾燥的山手適合作為官貴住宅區。江戶城本來就在此範圍內，後來明治天皇來到東京，沒有另建宮室，就繼承了江戶城作為皇宮。直到今天，今上天皇一家仍居住在內。六代將軍家宣的別墅舊濱離宮庭園和水戶家上屋敷[19]的小石川後樂園，是別緻的景點，到了今日也成為歷史遺蹟。官至幕府大老的柳澤吉保的宅邸六義園，到今日成了日本內外旅客季節賞花的名勝。

---

19 屋敷：宅邸的意思。因為參勤交代的關係，各大名須在江戶準備府邸。財政寬裕的大名會有不只一所。一般停留的稱為上屋敷，中屋敷則是備用，下屋敷則遠離江戶中心，作為別墅。

中央、地方與旅客們

現在不論向日本人或外國人問道：日本的首都何在？對方大概都會不假思索地答從前叫做江戶的東京。日本的公私機關，也將東京這城市及其周邊地區稱為首都圈，以至各國都把使館設在東京。這樣看來東京這城市不論名實，都是日本的首都。

但筆者就接觸過一種講法，認為日本其實在明治年間制訂的《大日本帝國憲法》及戰後取代前者的《日本國憲法》，都沒有規定首都何在。皇室在明治初年出於控制前幕府勢力據點的江戶等想法來到東京，並下詔書將江戶改稱東京而已，卻不是在法理上定東京為都。因此，也有人主張日本首都未定論，又或認為日本有東西兩京。這種想法在關西人之間經常用來說笑。據說京都出身的人，今天仍不太願意把去東京稱為「上京」——這個詞在江戶時代毫無疑問就是指去京都：要出身千年古都的人承認一個在近數百年來由武士控制的新興都市，成為凌駕於他們的首都，可以想像他們在感情上的抗拒。十多年前三一一大地震時東京因接近震央，再加上核電廠問題，一時間東京被認為是非常危險。於是出現過呼籲皇室和政府機關遷到關西，特別是「還都」京都的呼聲。

相比中國，日本雖然面積遠為細小，但地域之間互相爭雄的心態，似無二致。

「京」在哪裏，對京都人來說無可退讓。但在江戶時代，江戶、京都、大阪則並稱「三都」，在人們心目中公認為全國最重要的三座都市。江戶有一百萬人口，京阪各有三四十萬人口，是幕府直接控制的最大城市。江戶作為幕府所在地，大阪以運河縱橫作為物資的轉運中心，有「天下廚房」（天下の台所）之譽，京都則是傳統文化和工業的領導者，扮演着不同角色。而在江戶初期，相對於江戶，被稱為「上方」的京阪，在政治上和文化上相對獨立。「上方」本來是對皇宮所在的京都的尊稱，後來引伸到對京都周邊地區，在廣義上還包括大阪。在語言、習俗和氣質方面，「上方」與新開發的江戶形成對比。

但離開了三都，對於大部分江戶時代的日本人來說，天皇或將軍的存在感其實相當淡薄。對他們來說，大名反而是最貼身的存在，不管是直接管治自己的領主、還是其他的藩。這是因為參勤交代的義務，讓他們定期出現在百姓面前。今天日語裏有「大名行列」一詞，是用來稱呼大名出行時前呼後擁的隊伍和排場。這詞當然就是來自前述的參勤交代之制。他們是往來江戶以及各地之間最重要的旅客。我們可以由以下加賀藩的例子，看這種到江戶的隊伍為地方帶來的影響。

在整個江戶時代，加賀藩（今石川縣）共向江戶參勤一百九十次。加賀藩是生產力達一百萬石以上的大藩，其行列每次至少有二千人，有時甚至多達四千人。加賀的金澤城和江戶相距一百二十里（今四百八十公里），順利的話，到江戶的旅程需十三日十二夜。於是，每天必須走三十多公里的路程，任何延誤都意味着之後必須加快行程追上。因為行程須提前通知老中，得其同意的，故不能輕易改變。如果由於天氣或洪水阻路等延誤，必須立即報告。

於是，固定的路線上的道路被加以修整，一些城鎮沿着道路出現，好像四日市（今三重縣北部）、十日町（今新潟縣南部）這些由路程命名的市鎮。其中也因住宿業而興盛起來的落腳點，保存至今，成為旅遊景點的長野縣的妻籠宿、福島縣的大內宿，均為此例。當地土豪的住宅成為大名往來時的指定落腳點，到今天作為旅遊點而被留下來。不止地方的設施得以發展，各地的物產、知識、消息，很多時候也通過在江戶的大名府邸作為中轉站，而傳播到日本各地。

江戶時代幹道上的旅客當然不只有大名。江戶時代的長期和平以及生活水平的提升，使國內旅行也開始流行。記載旅行知識的《旅行用心集》，以及道中駕籠（旅行轎子）、道中着（旅行裝束）、道中差（允許旅客在途中攜帶用來防身的短刀，較武士所配為短）等產品應運而生。人們大致在村裏取得通行手形（離過關所的許可證），就可離村旅行。當中不少旅行的目的，名義上是到自己信仰的聖地神社或佛寺參拜。到今天仍然可以在不少歷史悠久的神社和寺廟看到千社札，就是貼在神社佛閣裏的姓名貼紙。人們在紙上印上自己的姓名或店號，把這些千社札貼在目的地，作為自己曾平安到達的見證。有研究指從這些千社札中，可以看到多是來自從江戶各處出身的人們，並用上江戶特有的字體來印刷。倒是在今天東京的神社佛閣裏，卻不多見地方上的人們貼過的千社札，也就是說在江戶時代，只有江戶及其周邊的人們有用千社札的習慣，這似乎訴說着老子來自「將軍膝下」的江戶人的自豪。

第二章 思想與文化

中國傳統的學問分類，大概是經史子集四種，略等於儒家經典及其注釋、歷史紀錄及史學著作、哲學、文學。但江戶時代日本的學問，則是按研究資料的來源，被分為漢學、國學、洋學。這種對學問的分類模式，大概反映了歷史上的日本人，在接受外來文化以及發展自身文化的過程中，各種知識互相吸收、競爭的情況。這三種學問一直成為日本人思考問題時的思想資源。明治年間（1868-1912）中江兆民寫過一篇小說《三醉人經綸問答》，是探索日本的發展走向的，議論就在代表漢學的南海先生、西方學問的洋學紳士，和豪傑之客之間開展。

漢學

先說漢學吧！

漢學在日本史上，一般指從中國傳承而來的學問，主要是有關儒家典籍的解釋、中國歷史、漢文文章的寫法。根據這個最寬鬆的定義，漢學被系統地引入日本，最遲就在七世紀的遣唐使時代。而漢學的重心無疑就是儒學。

江戶的儒學發展，可說是和江戶幕府的發展同步。1630 年，第三代將軍家光讓儒者林羅山在上野的忍岡建造其私塾，專授中國的古典。提到羅山，先要介紹其師藤原惺窩。惺窩出身於沒落的貴族家庭，早年曾在京都相國寺出家，但並不是明太祖那種因貧苦而投身寺院維生的苦況，而是因為其家族在政治上的失敗而退隱的另一種生活型態，更不必說繼承了學問、文化的僧侶，其社會地位其實相當高。

惺窩漸漸接觸到宋明理學的書籍後為之傾倒，甚至走到九州，打算偷渡入明，學習當時的明代理學。後來雖然不果，但遇到在文祿、慶長之役被俘虜到日本的朝鮮人姜沆，學習到當時在朝鮮流行的朱子學。

甚麼是朱子學？又要從四百年前的中國說起了。

中國儒者從北宋開始對儒家典籍有着另一種解讀。他們跳脫了漢唐以來形成的解經傳統，用他們着重形而上理念的思辨的方式去解釋經書，並發展出他們的哲學，因此這種學說也被西方學者稱為新儒學。宋代諸儒的思想多少有所差異，但總體來說都有此傾向，故這種新儒學也被統稱宋學。

朱熹是南宋大儒。他在通讀北宋儒者的著作後，融會和深化這些前輩的學說，成為宋學的大成。其學說博大精深，從他後來被尊稱為「朱子」，可知其地位之高，在此只介紹其中影響較大的理氣論。朱熹認為世上有一種超越存在的理，是事物「所以然之故，所當然之則」。萬事萬物的存在和發展，都因為這理。而理因為與氣（具體的物質和各種條件）結合，就生成萬事萬物。君臣父子為甚麼是君臣父子，就是因為這種絕對化、不能不如此的理。

朱子學在發展為政治理念時，變得極為重視秩序，也正因如此，被中日韓也許還包括越南的當權者看重，因為其尊重王權、維持秩序。

包括朱子學在內的宋學傳到日本，早在惺窩之前。深於佛理的日僧，對着重形上思辨的宋學相當感興趣，早在鎌倉末已有入宋僧帶來若干相關的書籍。其中還有不少中國已經失傳的。譬如比朱熹稍早的張九成所著的《中庸說》，本來在中國已經失傳。後來民國出版家張元濟在京都東福寺找到一份，於是收入《四部叢刊》，讓此書得以再度面世。日本臨濟宗的開祖、對茶道在日流行極有貢獻的榮西明庵兩度入南宋（1168、1187）留學時，朱子尚在人世。可惜現在找不到證據證明這些僧人和朱子及其門人曾直接交流。

回到惺窩。他還俗後，就積極研究朱子學，著有《惺窩文集》、《假名性理》、《四書五經倭訓》等。其中《假名性理》作於 1590 年，是最早用日文宣傳宋學的著作。《四書五經倭訓》成於 1595 年，是現存日本最早按朱註用假名在經書文字旁邊添註的著作。

德川家康聽說有這樣一位儒者，於是邀請他加入自己的陣營。1600 年冬，惺窩「深衣道服」—— 穿着宋明（也是朝鮮）儒者的服裝，拜見家康。但他只為家康講過幾次《貞觀政要》等中國古籍而拒絕從政，而派自己的弟子林羅山出仕家康。

林羅山的名字很像漢人，但其實他是地道的日本人。他原本是在京都相國寺學習的青年，本身博覽群書之餘，從他和惺窩之間來往的書信可知，他更曾借書給師父惺窩，也醉心宋學，甚至傳聞與恪守漢唐舊註的自平安時代以來的世襲的博士家，在解經上有所爭執。故在幕府後期編纂的儒者傳記《先哲叢談》中，他和惺窩被視為日本朱子學之祖。雖然如此，其實羅山也沒有太多獨創的思想，但他利用朱子學的理念，正當化武士作為統治者的情況，強調「上下定分之理」，主張武士和農民、工匠、商人之間的身份秩序，就如天在上地在下一樣，不可動搖。

大概任何統治者也喜歡這樣的理論。羅山被師父推薦到家康的幕府後大為活躍，除了是學術顧問，後來也主持了包括日本最早的活字印刷等文教事業，更是負責各種漢文文書的文膽。

羅山在江戶開設了自己的私塾。到了元祿年間（1688-1707），私塾從不忍丘遷至現在的湯島昌平坂，到了 1797 年，改名昌平坂學問所，其中更有保存至今的孔廟。

到了羅山之孫的林鳳岡時，鳳岡被允許蓄髮還俗——其實由羅山到其子鵝峯，都是以僧侶的外表出仕幕府。這最少是由室町幕府以來的傳統。室町時代有着比江戶時代更頻繁的外交活動。僧侶本身是學者，加上很多時有留學中國的經驗，通曉元朝明朝的情況，更掌握讀寫漢文這種與中國以及朝鮮打交道時所必需要的能力，於是一直都是室町幕府及各戰國大名的政治和外交顧問。林羅山一族因為這個傳統，被迫作僧侶打扮。另一儒者中江藤樹就寫過一篇〈羅山剃髮受位辨〉，來詰難諷刺羅山為了出仕幕府，而背棄了《孝經》「身體髮膚，受之父母，不敢毀傷」的教訓。其實是羅山少年時就在寺院學習，但一直因嚮往成為儒者而不肯剃頭。當中的是非，似乎很難說清。

由於沒有科舉制度得以出仕，林家以及其他江戶時代儒學的學派，都沒能像中國的知識人那樣，以士大夫之身治國。但林家讓新儒學從禪宗學問的一科中獨立出來的意義是巨大的——儒學在日本的傳承，從此不再由別教的禪僧，又或只會世代墨守漢唐舊註的京都博士家、公卿家負責，而是就以儒學為業的儒者為之。不止林家，各地儒者透過各藩的藩校和自辦的私塾，讓儒學成為支撐庶民倫理生活的精神之一。這在本書其他章節會提到。

林家專長朱子學，但宋明理學非其專利。江戶儒者可以通過長崎入口明清兩代的書籍，以及其在日本的翻印（和刻本）而接觸到新儒學。與羅山同時代的有在今滋賀縣附近活動，之前提到的中江藤樹，治陽明學，號稱「近江聖人」。後來在大阪傳陽明學的儒者、下級官吏大鹽中齋，更因對幕府無心救助饑民以及富商囤積居奇的為富不仁，而憤而起事反幕。陽明學於是在江戶時代被認為是危險思想。

此外還有不同意宋學，而專研《論語》、《孟子》，主張直接回到孔子、孟子的伊藤仁齋、東涯父子；荻生徂徠同樣反對宋學而又不同於仁齋，主張從古漢語中確切理解經書的意思，而提倡古文辭學。其門下除了經學，兼擅宋明理學家所不道的詩文。這些學派的出現，似乎可見在沒有科舉制度、也沒有如明清兩代將朱子學派解釋指定為國家意識形態的江戶幕府，其儒學發展比同期清朝的漢宋學對立及朝鮮朱子學的獨大，更為自由和多元。

後世對江戶時代之後的明治維新的印象，就是全盤西化而得以富國強兵。這說法當然應該商榷。退一步來說，即便將富國強兵歸功於西學，按較近期的研究成果，則指出江戶儒者受到朱子學探求規律的理性精神，以及清朝考證學的實證主義所薰陶，成為明治以後接受西學時的思想資源；更不要說在普及層面上，幕末人利用漢語翻譯，推介各種西方概念的實用價值。

而這些日本人使用漢字所造成的詞語：經濟、文學、衛生等，又在清末民初時被留日的中國留學生帶回中國，在今天的中文中「百姓日用而不知」。漢學就這樣經歷了一千三百多年，出口轉回內銷。

國學

前節提到以儒學為首的中國學問，一直到近代為止的日本社會，都被視為高尚的知識。到明治初年為止，能夠閱讀漢文（當然不能期待他們口說漢語）的人，都被認為有高度教養的。用個可能不太恰當的比喻，就像在十七世紀的俄羅斯，能說法語的人會被認為比只能說本地俄語的俄羅斯貴族，更優秀、更有優越感。

日本史上對漢文化的重視是事實，後者也對今日被稱為「日本文化」的形成有着很大作用。但「隔離飯香」的感覺，不是每位日本學者都能接受。儒學以及各種漢文典籍，畢竟是外國學問。很多日本知識人閱讀漢籍，繼承中國學者所提出的各種命題的同時，漸漸發覺漢籍的思想文化與本土的氛圍有所不同。比朝鮮半島的人們更早擁有自己文字的日本人，早就有由字體上混用假名漢字、語法上純屬日語的「和漢混淆文」所寫成的各種典籍。他們逐漸熱心研究起這些從七八世紀開始流傳下來、研究熱度卻一直不如漢籍的本國典籍。

日本本地學問的興起，居然是緣於要抗衡外來學問的漢學，這似乎相當奇怪。但如果將漢文在近代以前東亞的情況，對照拉丁文在歐洲的使用，把法、德等國學者將研究對象由曾經通行歐洲的拉丁典籍，轉成本國語言、思想、文化傳統的事拿來參照，也許就可以理解日本國學的興起——自身的確立，往往來自於與他者的對照。

這種研究本地古代文化的學問，被稱為國學。「國」字是本地、本土的意思，也許還是來自《詩經》裏的〈國風〉、東周列國的「國」。在不同時代又被稱為和學，或被尊稱為皇學。今天日本分別有兩所由國學和皇學所命名的大學。它們就是由一群研究日本傳統典籍的學者所組成的。江戶時代的國學家認為他們要闡明儒教和佛教到來之前日本獨特文化和精神，故主要對《古事記》、《日本書紀》、《萬葉集》等經典作文獻學研究。用現代的學科分類來說，具體的研究內容就是神道、日本史、日語等綜合起來的古代文化研究。而國學的研究對象本來就包括《萬葉集》、《古今和歌集》這些和歌典籍。國學家在研究的同時也嘗試模仿和創作，試圖重現古代日本人的文化活動，具有實踐性質的研究態度。

不過要澄清的是，不是說日本人到了江戶時代才開始研究自己的古籍。譬如京都公家中的二條家和冷泉家就一直傳授《古今和歌集》，但據說某些公卿家的解釋規矩甚嚴，令古典學成了秘傳，沒有多大進步。而到了江戶初期開始流行商業出版，經典及其註釋開始流播，於是具備了研究的條件。

江戶初期大阪僧人契沖精研《萬葉集》，所著《萬葉代匠記》是至今仍需參考的重要註釋。契沖主張根據日本古語的原義，在對和歌的解釋上不要為儒佛的道德觀左右，可謂確立了國學的方法。而一般說到江戶的國學史，多是由其後的荷田春滿、賀茂真淵、本居宣長、平田篤胤四位學者說起。他們合稱為「國學四大人」，可知其重要性。這裏跳過據說是始用「國學」一詞的春滿，以及實際上沒見過宣長之門面、自稱夢中得許入門的「宣長歿後門人」篤胤，稍為介紹真淵和宣長兩位的學說。

真淵本是遠江國敷智郡人（在今靜岡縣）、神主[1]之子，也兼習儒學。他三十七歲到京都拜於春滿門下，學習古典和古語，後來到了江戶講授和學。真淵認為要知古人之心，就必須研究古人留下的和歌，這樣就必需通曉古語。他強調要學習《萬葉集》，因那是古語的寶庫。他嘗試通過創作具萬葉風格的和歌，讓古人的心和話語成為自己的，然後再學習《古事記》。但據說真淵到晚年才認真地開始從事《萬葉集》研究，卻未能完成研究《古事記》的目標。

隨着真淵手下眾多有影響的學者的湧現，其中的幹將可謂本居宣長。宣長出身伊勢國松坂（今三重縣），本來是醫師。宣長接觸了《源氏物語》研究後，拜入真淵門下學習古學。他在業醫之餘，用三十年完成了對《古事記》的註釋《古事紀傳》，作為對《古事記》書中所載古事的評論。

宣長評論的立場是明確的：排除漢意（漢人的思考方式和概念，主要指儒學），找回在字裏行間的「大和心」。他認為把歷來對古典的解釋中來自中國人的倫理道德（與及佛教思想）等外來的看法去除後，就

1　神主：神社的祭司。

會看到日本人本來的心。用類似的方式欣賞和分析和歌，他又發揚了「物哀」的概念——一種外在世界的事（物），在個人的心中引起的深沉而深刻的情感。宣長認為之前從佛教和儒家的角度對《源氏物語》作倫理價值的評價，是歪曲了作品的原意，「物哀」才是古代日本人精神世界的精髓。

出於要通曉古代日語出發以研究古代典籍的國學，積累了許多研究成果，成為現代日本文學、日語和民族史的基礎，這些應被肯定。另一方面，為了標榜本地文化的優越性，排斥外來思想的傾向也很明顯。國學家以批判儒學為宗旨以發展他們的主張時，先秦儒家的禮儀規範和宋學的理性主義，自然都在批判炮火的射程之內。

只是要嚴格從形成過程中就與漢學互動之下寫成的日本古典中，分離出漢意、漢語，根本就不可能。舉個半開玩笑的例，宣長把自己嘔心瀝血寫成的《古事紀》註釋稱為「傳」，也就是把《古事紀》本身當做經——經傳這種對文獻分類，本來就來自儒教。大概就是漢文化這種陰魂不散的影響，深深地刺激了想分離出「純粹日本文化」的學者吧！

蘭學與洋學

顧名思義，洋學是指傳到日本的西洋學問。而在江戶時代，由於只許荷蘭作為唯一的西方國家在長崎的出島貿易，西方的學問主要透過荷蘭商館傳入，荷蘭語成為這些知識的載體，於是這些傳入日本的西方學術和技術，更多時被稱為「蘭學」。到了幕末開國，荷蘭人以外的西洋人也紛紛來日，英法等學術和文化也隨之傳入，漸漸英語的學習與研究取代了蘭學。蘭學，也就變成了洋學。

說回江戶時代的蘭學。幕府禁絕荷蘭人以外西洋人來日，而荷蘭人又只許留在長崎的出島。這對荷一口通商的原因，留待別章有關長崎的論述時再敍，但主要還是因為國安考慮要禁絕天主教。因此，從內容上看，蘭學研究大多屬於醫學、天文學、物理學等自然科學，宗教不必說，政治、哲學相關的內容也不多見。這點與清朝治西學者很相似。

不止內容受限，比起漢學和國學的源遠流長，蘭學的傳授從一開始也就顯得零碎。早期由於荷蘭人不准離開長崎，有志於蘭學的人只能用各種原因探訪荷蘭商館。向商館的醫生學習西醫，成了不少日本學者研究蘭學的開始。而後來趁着數年一次甲必丹（商館長）來江戶朝見將軍，更是各地蘭學家得以接觸西洋學者而不容錯過的機會。

蘭學發展的一大契機，可說是在第八代將軍吉宗的時代。吉宗放寬進口被譯成漢文、而內容與天主教無關的外國書籍，又命書物奉行（圖書管理及出版審查官）青木昆陽向和蘭通詞[2]學習荷語，研究西方學術中有利振興經濟的作物。吉宗的目標其實不限於西方作物，同時被研究的還有朝鮮人參。幕府鑑於每年藥用人參均需向朝鮮購買，為保留金銀，嘗試在本地仿種，成為今日藥材中的「東洋參」。昆陽成功在幕府的藥草園（今東京文京區小石川植物園）培植出蕃薯，作為賑濟饑荒的農作物，相關經驗後來編成《蕃藷考》一書。

蘭學研究較具體的成果，往往被認為是1774年在江戶出版的《解體新書》。該書以拉丁文解剖學著作 *Tabulæ Anatomicæ* 為底本，由前野良澤和杉田玄白參考其他洋書編譯而成。良澤曾跟昆陽學荷語。三年前他觀看解剖死囚後，決心推進解剖知識，於是與世代為外科醫生的杉田以及其他數位同道共譯此書。杉田晚年著有《蘭學事始》，追述此事並記蘭學這門學問的

2　和蘭通詞：荷蘭語翻譯。

由來，被視為「蘭學之祖」。

蘭學圍繞醫學展開，並從外科手術擴展到其他科目。隨杉田玄白和桂川甫周學蘭學的宇田川玄隨，翻譯了日本首部西醫內科著作《西說內科撰要》。大槻玄澤撰寫了《蘭學階梯》兩卷，上卷描述日荷貿易的歷史和蘭學的興起，下卷則介紹了荷語語法的基本原理，標誌着蘭學主體意識的成立。他又重訂了《解體新書》，鞏固了他作為蘭學家的地位。另外，長崎的和蘭通詞中亦有超越翻譯的層面、認真學習蘭學的人，出現了西善三郎、志築忠雄等優秀的蘭學家。志築於 1798 年翻譯拉丁文物理學典籍 *Introductio ad Veram Physicam* 為《曆象新書》，其中介紹了牛頓力學，一些例如重力、引力等詞彙還沿用至今。

之前提到的蘭學家大都活躍於江戶。而在宇田川、大槻的門下生的推動下，逐漸傳播到京都、大阪各地。值得注意的是，除了桂川甫周是江戶出身外，率先研究蘭學的其他數人，都是諸藩的私人學者或侍醫。這種早期蘭學發展的特點，也許折射出在江戶以外的地方，有着「山高將軍遠」的自由學風。而後來幕府也終於改變了對蘭學的認識，並於 1811 年，在天文學者高橋景保建議下，在天文方[3]下設蕃書和解御用掛[4]，大槻玄澤和馬場佐十郎被任命去翻譯洋書。馬場是長崎人、本習荷語，後來接觸到因海難漂流到阿留申群島，滯俄九年的大黑屋光太夫，學習俄語並參與對應俄羅斯事務，著有俄語文法書《俄羅斯語學小成》。

在日本學者篳路藍縷地吸取、鑽研西洋知識的同時，在眾多來到日本的荷蘭商館醫生中，不乏積極向日本傳播西方學術和技術的人。其中 1690 年來日的 Engelbert Kämpfer、1775 年來日的 Carl Thunberg，以及 1823 年來日的西博德（Philipp Siebold），他們被稱為「出島三學者」。其中西博德較所有其他商館醫生，對日本的影響更為深遠。

西博德在隨商館長參見將軍的機會，向日本學者展示西洋科學成果，又向他們學習有關日本的知識與習俗。1824 年，西博德被准許到荷蘭商館所在的出島以外的長崎郊外，開設診所兼醫學校鳴滝塾，曾收生五十人。這些學生協助西博德有關植物學及自然科學的研究，門下多有傑出的蘭學家。西博德還寫了《日本》、《日本植物志》、《日本動物志》等，積極向歐洲

3　天文方：即天文台。
4　掛：辦公室的意思。

介紹日本。

這裏想特別提出的是，像西博德這些商館醫生，向日本輸入西方知識的同時，也為當時的歐洲帶來第一手的日本資訊，在溝通東西文化上，居功至偉。

蘭學的發展並非一帆風順。1828 年，西博德離開日本時被發現私帶日本地圖，事後地圖被沒收，人則驅逐出境。這事隨後成為在意識形態上猜忌蘭學的口實。蘭學家在學習西洋學術的同時，進一步鼓吹吸收西洋新知識和開放對外貿易，從而提升國力。結果，因為像高野長英等進步蘭學家對幕府的批評，終於爆發了迫害蘭學家的蠻社之獄。

傳統意義下的「蘭學」中的最後一件大事，大概是 1838 年緒方洪庵在大阪成立的蘭學學校適適齋塾，簡稱「適塾」。緒方本身是蘭醫（西醫），後來官至幕府奧醫師（侍醫）兼西洋醫學所頭取（總管）。而適塾有名的畢業生，則不止醫學人才，還有像福澤諭吉、大鳥圭介等日後推動日本現代化的重要人物。

蘭學終於轉變成洋學，與時代的變遷息息相關。到了幕末開國，一口通商的形勢被打破，只學習荷語以透過荷語著作和荷蘭商館了解西方的做法，已經跟不上時代。蘭學在日本開放後的一段時間內，在傳來日本的外國學問中仍保持中心地位。但隨着其他各國學問的傳入，以及日本留學生到各地學習，日本人研究洋學的重心，逐漸轉移到其他國家，並以英學為主。

回顧日本歷史，蘭學家傳入了天文學、地理、物理、化學和植物學等西方科學的新知識。企圖鉗制思想的幕府也不能否認這些新知識的實用性，於是在戒備自然科學研究中所帶來的批判精神的同時，活用其知識。西洋學問就在這個背景下，從江戶時代到明治初期一路發展，最終成為明治西化活動的土壤。

所謂武士道

但要說最為中國人所知的日本思想、學問，也許不是上述這三種，而是武士道。

對「武士道」三字，當然可以有各種理解。而一般來說，新渡戶稻造所提出的說法最為人所熟悉。據說是新渡戶因被西洋人問及日本人沒有基督宗教，那有甚麼作為支撐其社會的精神時，在反省之下提出武士道的概念及各種說明，作為日本人的代表精神。因此該書原本以英文寫成，題為“Bushido: The Soul of Japan”，在翌年才被譯成日文。有趣的是，新渡戶本身是基督徒，Bushido 一書的內容也經常被批評為強行與基督教對比之下的觀點，並非日本思想的原貌。

新渡戶的書姑置不論。回顧歷史，雖然在平安時代末期已有「兵之道」、「弓矢之道」一類的說法，但其中所指更多的是武者的戰鬥儀禮。而「武士道」一詞首次大量出現，是在江戶初年的武田流兵法學者小幡景憲所撰的《甲陽軍鑑》中，達三十次之多；內容則多是要求武士在戰場上勇敢作戰，宣揚一種勇武精神。

前文說過武士是自中世以來由地方豪強演變而來的。但自戰國來到江戶時代，這些武士一直跟隨主公東征西討，與土地的聯繫已極為淡薄。到了第四代將軍家綱時，幕府在日本內外已無強敵，大量武士不能透過戰爭取得土地和獎賞，只好脫離主公謀生，成為所謂的浪人[5]。

加上幕府為了削弱諸藩，動輒以各種藉口改易他們的領地，例如把有罪的大名遷到更貧瘠的地方，令武士很難在某處落地生根，也迫使許多因削藩而失去主公，又或不願隨原主遷移到新領地的武士成為浪人。出於面子，也有因缺乏技術，這時變回農民的浪人很少，更看不起從商一途。於是，浪人來到江戶或各大城市「謀生」——當然，這兩字包括了各種方式。

5　這詞也成為現代日本對考不上大學的高中生的稱呼。還有第一年考不上叫一浪，再考還是考不上的人被稱為二浪的叫法。

年紀稍長的讀者可能看過仲代達矢所演的電影《切腹》，就是失業浪人控訴身為武士，卻為了生活而要對人低聲下氣，失去了武士尊嚴的故事。

終於在 1651 年發生了慶安之變。兵法家由井正雪聯合失意的浪人謀反，準備在江戶各處縱火，然後等幕府官員出動時用火槍狙殺他們，再挾持將軍。雖然一開始便被幕府平定，但正雪起事的口號之一，即為抨擊幕府「法制無道，使上下困窮」，也讓後者認識到需要解決武士的生計。於是，鼓勵各藩再度僱用浪人，而更重要的是讓武士掌握各種行政技能，得以轉型。日本史學家一般認為慶安之亂是幕府由武斷政治，也就是用行政以至武力手段解決政治問題，轉向文治政治的關鍵。

新井白石在回憶其家世及輔助將軍家宣的往事的《折焚柴記》中指出，綱吉時代以前的武士，還是認為學問是貴族或僧侶才需要關心。武士一般對之嗤之以鼻，而將自身價值的核心定位於勇武，是一個戰鬥者。很多武士往往蔑視「文」，以至這個「無聊」的太平盛世。但日本內外在江戶幕府成立之後變得穩定，以戰勝取得封地、賞賜的辦法已走不通。身為武士而要出人頭地，惟有轉型為行政官吏。這就帶動前述一味強調勇武的武士道，轉型為要求武士兼具統治者的意識，其內容也加入了道德倫理的元素。

這從作為武士規範的《武家諸法度》逐漸被修改可見。1683 年，將軍綱吉頒佈了以和漢文混合體撰寫的《天和令》[6]，其中不再有《元和令》、《寬永令》、《寬文令》中都強調的「專心修練文武弓馬之道」的條文，而增加了「厲行忠孝，重視禮儀」條文。這表明隨着幕府轉向重視以儒學為指導的文治政治。1710 年由儒者新井白石用撰寫的《正德令》，增加了嚴禁官員收受賄賂的條文。武士，成為了官僚。

在浪士齋藤親盛於 1643 年出版諷刺統治階層的《可笑記》中，指出：「武士道者：不說謊，不輕浮，不諂佞，不表裏相違，不好色，不失禮，不逢事吹噓，不驕傲，不誹謗，不懈公事。友睦同僚，不繫於小事，將心比己，慈悲為懷，以堅持原則為要、牢記在心；只以不惜性命，並不能說是優秀武士。」在一連串道德訓誡之後的最後一句，提到武士並不只以勇武為貴，值得注意。

江戶中期歷仕家宣、家繼、吉宗三任將軍的儒者室鳩巢所著的《明君家訓》，對包括大名和武士的武家之人的行事規範，有更明確的說明。書中指為君者

6　天和年間（1681-1684）版本的《武家諸法度》，下同。

不能違逆眾心，不論事情大小，應廣募下級意見。為臣者則須為人正直，不曲意阿奉上級，也不對下面的人耀武揚威，不可說話不算數，也不能見死不救；「即使斬首，不可為之事決不能做；臨義當死時，也一步不能後退」。這在述說武士常重正理，意志要堅如鐵石。而在另外一方面也要有慈悲物哀之心、待人溫和慈愛，才是有節義的武士。據說將軍吉宗閱後大為欣賞，便讓近臣學習閱讀，於是一時風行全國，其內容成為武士道的典範。

可見這種武士道並非宣揚愚忠，而非常強調武士的主體性和對政治的主觀能動。對主君的服從是一種基於自我意識的服從，一種包括批判精神的服從，頗為符合儒家亂命不從的精神。

至於後世所更為認識的那種狂熱敢死的武士道，則與來自由佐賀藩武士山本常朝口述，同藩田代陣基在 1710 年左右撰寫的《葉隱》書中所述相似。據說這書是常朝退休後應藩內年輕武士的要求，口述了佐賀藩鍋島家的一些祖訓。所以本來這書其實長時間只在佐賀藩附近流傳，而確實相當受當地武士歡迎，甚至被稱為《鍋島論語》，因為佐賀藩主是鍋島氏。

書題的「葉隱」是指武士要如在葉下暗處默默奉公。其中最著名的一段話，可說是：「武士道，就是必須察覺到死。歧路之前，須速擇死途，不必去想，勇往直前。⋯⋯人是好生的，遲疑之下，就會想出苟且偷生的理由。這是危險的。⋯⋯如果朝夕總是以死為念、總是成為一個死人，你就會在武道上獲得自由，並能在你的餘生中不折不扣地履行藩的責任。」這裏當然並不是要求武士無故自殺，而是要求他們準備好死亡，以便他們能達到超越生死的自由狀態，從而好好地履行武士職責。

本來武士除了被稱為「武士」，還可以單寫成侍字、讀成 samurai。那是來自古語 saburau，本身就是指伺候在貴人左右、聽候差遣。武士被要求盡忠，以至犧牲生命，很多時候也被視為合理的要求。但《葉隱》這種與死有高度的覺察，把以死存節高於一切的想法，和前述像《明君家訓》那種自矜名節的主流武士道大相逕庭，以至對於那件江戶初期轟動武家，以至全日本的大事，山本常朝也有不同的看法。那件大事，當然就是在後世被改編為歌舞伎劇本《忠臣藏》，以至到現代還被改編成電影和電視劇集的赤穗藩四十七士為主公報仇一事。

1701 年 4 月 21 日，在江戶城內負責接待朝廷敕使的赤穗藩（今兵庫縣赤穗市）主淺野長矩，忽然在將軍會見敕使前，拔刀斬傷主持禮儀的高家（高級旗本）吉良義央。本來幕府對爭執的方針，一向是「喧嘩兩成敗」，即是不問曲直，爭執就兩罰[7]。但今次吉良沒有抵抗，這點由幕府重臣柳澤吉保接報後，第一句問的是吉良有沒有碰到自己的佩刀，可知這是幕府裁判的最大標準，眉上中刀之後是背後中刀，明顯是一方的逃避。最重要的是，將軍綱吉想到這事讓朝廷知道會影響幕府的形象。於是盛怒之下只罰一方，命淺野即日切腹，並廢掉赤穗藩。

淺野沒有留下詳細的供詞，而且切腹前連寫信交代後事都不被允許。其行兇動機，自此成謎。據他本人當場曾說過「還記得之前的恨事嗎」等語句，後世普遍認為，是在接待敕使的工作上，淺野被吉良恃老賣老地再三刁難。[8]

二十日後，消息傳到赤穗，家老大石內藏助召集所有家臣商討對策，結論：恭順——就這樣讓幕府來接收赤穗藩，因為武力對抗恐怕只是白白流血。於是赤穗藩家臣三百餘人，從此成為失去主公的浪人。

幕府行事不公，但得罪不起。不過主公的仇、廢藩之恥，卻不能不報。大石和同志浪人數十人暗中發誓報仇，而表面上像無事地過日子。到 1703 年，包

7　這是為了壓抑私鬥，由中世開始形成的慣例，到了江戶時代近乎明文化。
8　當時淺野三十四歲、吉良六十一歲。

括大石內藏助在內的四十七名赤穗浪士攻入吉良邸，斬下吉良的首級，帶到主公淺野長矩在泉岳寺（在今東京品川區）的墓前，然後束手就擒。

幕府對如何處置他們，頗費心思。公然因報仇入屋殺人，而且是之前幕府裁定無罪的當事人，這無疑是目無法紀的犯罪。但為主公報仇，對於武士而言，卻又是毫無瑕疵的。將軍綱吉也希望找個理由寬恕他們，或許也為了自己當年只罰淺野長矩而想有所補償，於是想到讓在寬永寺的貫首（主持）、皇族公辨法親王出面說情，他就好順水推舟赦免他們。不料親王說義舉固然可嘉，但義士中還有年紀尚輕的，如果他們將來做出失德之事，就會為今日的義舉蒙上污點，不如現在就成全他們。幕府儒官荻生徂徠也說他們對自己主公的忠義是私人的美德，但違背了幕府裁決則是於公理不合；只是這種私家的美德仍有值得稱許之處，建議讓他們保全武士的顏面切腹，而不是當成罪人公開處斬。

就這樣，幕府命被軟禁在四處藩邸的義士分別切腹，然後讓他們和主公一同長眠於泉岳寺，後者到了今天，仍有四十七士相關的紀念館和祭祀活動。

故事說完了。忠義貫日的赤穗四十七士，行事似乎無可挑剔。但上述的《葉隱》，對此居然還是有微詞。山本常朝說當時赤穗浪士聞訊後其實應馬上復仇。因為如果吉良年老病死，他們就沒有機會了。這不能說毫無道理，但只為復仇、完全不顧反應的狂熱，卻無論如何不能說比赤穗浪士的做法更好。赤穗浪士沒有控訴幕府不公，對幕府的逮捕沒有抵抗，復仇時始終謹慎地避免挑戰幕府的權威，因此也得到幕府的認可和尊重。那樣他們的事蹟，可以流傳下去。哪一種才是作為武士應該行的道，見仁見智。

說點題外話。1904 年在日本的梁啟超，感於日本對外戰爭連年戰勝，是得力於武士道精神，於是從《史記》、《左傳》、《戰國策》等古籍中輯錄了七十多則春秋戰國以至漢初的中國武人故事，「起曹沫、訖李廣」，「用列傳體」、依年代分編成四十三篇，並加自己的評論，編成《中國之武士道》。梁氏認為中國的尚武精神盛於戰國爭雄之時，而衰於太平一統之世。

照上文理解，作為日本統治階級的武士的道德規範的武士道，正是出現在太平一統的江戶時代，而不是對單純血氣之勇的讚揚。當然，我們知道梁氏編輯這書，是為了振奮中國人的民族精神，遠遠不是嚴格的學術著作。一百二十年後的今天，不論是宣揚勇武，又或作為倫理道德，我們再也沒聽說過中國有所謂武士道。

佛教及其他

說江戶時代是佛教社會，也許並不為過。但這不是說江戶日本人都是虔誠的佛教徒，而是指佛教的思想和組織，滲透和支撐了江戶日本。這裏本來要介紹以佛教為中心，各宗教與江戶時代政治和社會的關係的。但故事先要從天主教開始。

1549 年，聖方濟・沙勿略（St. Francis Xavier）登陸今日的鹿兒島，被認為是天主教進入日本之始。在日的傳教士和他們後來在明朝的同僚一樣，採取由上到下的策略，着重向各大名介紹西洋科技，引起他們的興趣，然後傳教。據說戰國梟雄織田信長雖然不是教徒，但和傳教士關係良好，對他們帶來的時鐘、望遠鏡等都非常有興趣，當然最感興趣的是火槍。對比利瑪竇（Matteo Ricci）等在華傳教士吸引到明朝士大夫學習自然科學，而受洗者仍不甚眾。天主教在日本的發展似乎更為順利，甚至有不少大名受洗成為教徒。這些大名和他們領內的信眾，主要集中在九州和四國一帶，到江戶初期已達七十萬人。

傳教士受歡迎的另一原因是經過他們的介紹而

進行的南蠻[9]貿易。日本在策彥周良於 1547 年最後一次入明朝貢後，日明之間沒有正式關係，於是日商也不能堂而皇之地到明朝貿易，因為明朝只與朝貢國貿易。以澳門為基地的歐洲商人就填補了這個空隙。他們採購中國的瓷器、絲綢等，加上東南亞的香料，有時還加上歐洲的火槍運到日本，而日本的工藝品以及白銀，就是他們所最喜歡的。自日本回程時，又可用白銀再購買中國貨。那些信仰天主教的大名，得到歐洲商人的青睞，較容易取得火槍以及各種貿易利益。西洋風的飲食文化，著名的有今天被台灣人稱為蜂蜜蛋糕的 Castella，以及繪畫藝術等，也因此而傳到當時的日本。南蠻風潮，被視為大名之間的一種時尚。

情況到秀吉的時代有所改變。他在 1587 年頒佈驅逐傳教士的《伴天連追放令》[10]。內容共五條，宣稱天主教是與「神國日本」不相容的宗教，並指責天主教讓信徒搗毀佛寺神社。這在看到宗教鬥爭的意味的同時，學者指出其中也有大名借用新興的天主教勢力，去打壓地方上與他們作對的佛寺等舊宗教勢力，而受到後者的反撲。

江戶幕府成立以來開始所謂鎖國政策，作為其中

9　南蠻：當時日本人對由西南邊而來的歐洲人的統稱。
10　伴天連是 Padre 的日語音譯，在意、西、葡語中是神父之意。

重要的一環，對天主教士和信徒的迫害，也隨着時間而愈加嚴重。1622 年，傳教士以及包括婦孺在內的信徒五十五人，在長崎被燒死或斬首，史稱元和大殉教。

「信者得殺」已是明確的做法，但為了分別潛在的信者，幕府想出一種在後世看來相當變態的方法——踏繪。那是把刻有耶穌基督或聖母瑪利亞的銅片或畫像放在地上，然後要鄉民踐踏。其原理是，不是信者的話，踐踏「邪神」的像應無問題。遲疑不前或直接拒絕的話，當切支丹（天主教徒的日譯音譯）論死。就在這種宗教壓逼的氣氛下，爆發出島原之亂。

島原半島位於九州西部、與長崎隔海相望，本來民眾中信仰天主教的不少。但到 1633 年左右，由於島原藩配合幕府的鎮壓，許多天主教農民已經棄教，表面上天主教信仰似乎消失。據說當時卻出現了日出和日落都特別明亮、櫻花瘋狂綻放等異象。而在這數年之間，由於颱風、大水、大旱，島原接連歉收，導致饑荒發生。但島原藩在歉收的情況下，仍因參勤交代、甚至派出遠征呂宋的先遣隊等各種支出，而提高稅收。島原民眾在宗教上受到壓逼，在生計上則離餓死只有一步之遙。

到了 1637 年 12 月，有農民因欠租，有身孕的妻子被藩吏帶走，裸置水牢六日後母子同斃。之後又有隱藏的天主教徒在家中舉行儀式時被藩吏撞破，後者被殺。忍無可忍的農民重拾天主教信仰，佔領了島原原領主有馬氏的原城來反抗藩政，推年僅十六歲的豪農之子天草四郎（原名益田時貞）為領袖。附近天草地區的原天主教徒也起來響應，其中包括原先在關原戰敗被殺的天主教大名小西行長麾下的武士，人數達三萬七千人。

起事的農民嘗試過攻擊附近的唐津藩擴大勢力，但沒有結果，於是回到原城固守。在消滅豐臣家後近二十年沒有打過仗的幕府，在調來九州各藩兵力組成聯軍圍攻原城時，醜態百出，江戶派來的上使（總指揮）板倉重昌甚至被農民軍擊斃。接替重昌的主帥換成了更高級的老中松平信綱。日後平定了慶安之變和為明曆大火善後、以多智見稱的信綱聚兵達十二萬，但根據忍者的諜報，知道農民軍裏婦孺不少、糧食不多，於是採取成本較低，但相當殘忍的方法：圍城不攻。於是，農民軍的物資逐漸不支，這從幕府軍剖開農民軍遺體發現胃中只有海草而得到印證。

到了 1638 年 4 月 12 日，佐賀藩為了搶頭功，先行攻城。諸藩不落其後，於是總攻擊開始，15 日城陷。據說包括老人、婦女、兒童等非戰鬥員，三萬多人全部被殺。天草四郎被斬於陣中，傳首長崎。喜愛日本舊電影的讀者，可能看過真田廣之和千葉真一主演的《魔界轉生》，就是講述含怨轉世的天草四郎的復仇故事。

有人以同樣是透過信仰外來宗教團結民眾，去反抗橫徵暴斂的當權者一事，把島原之亂稱為日本版的太平天國運動。現今學術界則認為與其說是天主教徒的起義，不如說是反抗苛政的農民起事。但不論如何，天主教團結起島原農民對抗殘酷的藩政應是事實。農民不畏死的精神，讓幕府猶有餘悸，認為這是得力於宗教，於是決定要禁絕這種「邪教」。

原本在地的佛教力量，於是被幕府動員起來。腳踩耶穌還不夠，須立字為實證明自己不是天主教徒，於是又有所謂寺請制度。那是要求所有人都登記為某寺的教民（宗門人），發給證書（寺手形），以証明放棄天主教信仰。這起初只是以棄教者為對象，之後演變成為每戶都必須歸屬在某宗派的某寺院之下，成為該寺的檀越（施主），故這制度也稱作「寺檀制度」。這制度始於 1614 年，後來隨着島原之亂後對天主教禁令的加強，以及加強寺廟在社會上的角色，到 1640 年將其制度化。此後各寺廟除了保留各人修行的紀錄（宗門人別帳），還會在各人結婚、搬家時頒發證書，從而具有控制民眾的功能。

影響到今天，除非對佛教以外的宗教有堅定信仰，一般即使生前對佛教毫無興趣，從不參拜寺廟的人，去世後遺族仍會找歷來為其家族料理喪葬的那一家寺廟（菩提寺），請該寺僧人為死者誦經。死者不論佛教造詣如何，都會得到某院某居士的戒名，並寫在牌位上、供奉在家中。

新年到神社參拜，結婚時請一位西洋人演員扮作神父或牧師，舉行模仿基督宗教的結婚典禮，死後請佛教和尚唸經的事，可以出現在同一位日本人身上。這種外國人看得瞠目結舌的做法，對沒有真正信仰的日本人來說，卻完全沒有違和感。這種對宗教儀式的隨便，大概可以追溯到江戶時代——正因為江戶的日本人一開始就不是因篤信佛教而註冊在寺院的宗門帳裏。這種「被佛教徒」的做法，當然沒有打動他們的心。

如果佛教儀式作為民間禮儀來解決民眾的日常生活的需要，那這與中國社會似乎沒有甚麼不同。但不止庶民階級，佛教僧侶在江戶時代以至更早的時候，一直在日本的政治和外交上擔當着重要角色，則與中國的情況大相逕庭。前文提過像僧侶一直都是室町幕府及各戰國大名的政治和外交顧問，到江戶開府的初期都是如此。金地院的以心崇傳在制訂《禁中並公家諸法度》、《武家諸法度》之事，以及找找藉口向豐臣家發難（方廣寺鐘銘事件）等政治事件中無役不與，以至被稱為黑衣（僧衣之色）宰相。另一有名的僧人南光坊天海，則為家康營造日光的墓所，以及建設江戶的名剎寬永寺，其中刊出了日本最早的《大藏經》（天海版）。甚至到今天還流傳着當年江戶的都市設計暗合風水概念，是出於天海之手的說法。至於幕府的御用儒者林羅山一家，也一直因學術官員皆為僧的慣例，要到第三代才能獨立，得以蓄髮做回儒者。這在上文都提過，而恐怕是（最少表面上）以提倡排佛的中韓儒者所不能想像的。

不止幕府，京都皇室與朝廷，與佛教的關係則不只在江戶時代，而是一向都十分密切。十八世紀末，有油商之子蒲生君平發現之前的一千年來，天皇家的喪葬依賴佛教，京都東山泉涌寺成了皇室的菩提寺。但盛行佛教火葬之前歷代天皇的陵墓，很多居然已經淹沒不知。因此發憤考證歷代天皇陵墓而著《山陵志》。反過來說，這就是人們已不知道佛教流行之前的喪葬樣式。說到佛教包辦喪葬儀式，幕府也是如此。德川家歷代將軍的菩提寺[11]，至今尚存，就在東京

---

11 菩提寺：為某一家族營辦法事、祈求功德，以及管理該墓地的寺廟。

鐵塔腳下的增上寺。遊客另付參觀費後，還可以參觀戰後遷整過的歷代將軍墳墓。

對於皇室來說，佛教不只在他們天皇駕崩時才登場，而是一開始就參與其中：天皇有所謂即位灌頂的儀式。最初舉行的時間不詳，最遲可見由十三世紀後期開始。據江戶時代公卿二條家公開的資料，儀式包括在即位大典上，天皇結智拳手印、唱大日如來真言，登上御座。所以雖說是「灌頂」，但並不真有僧侶按着天皇頭頂傳法，而是由天皇自行修習，有着將神權與皇權合一的意味，與歐洲由主教加冕的那種君權神授不同。

這種密教的習俗據說持續到了明治天皇之前的孝明天皇一代。幕末開始主張神佛分離，明治天皇即位時就沒有舉行這個儀式，於是被廢止。

與上述那種佛教在公私、上下各階層都得以滲透的情況相比，今日被認為是「日本傳統宗教」、「本土宗教」的神道，在江戶時代的政治和社會影響上，遠遠不能和佛教相比。作為信仰而存在的神道始於何時，難以確考。而最遲在 927 年朝廷編成的法典《延喜式》中，已經列出一系列的神社，並為他們賦予了不同的規格。其中維持至今的話，都會強調他們是歷史悠久的「（延喜）式內社」。

但神社在社區上一直都沒有前述佛寺那種成為鄉公所，負責管理鄉民的戶籍以及喪葬那種力量。筆者聽過一個說法，指神道忌諱以死亡為穢，所以把喪禮這塊「肥肉」都讓給佛教。[12] 甚至有說法指神道一語，就是佛教傳來之後日本的土著信仰意識到佛教的存在，才自我命名為神道的。

客觀來說，其實到江戶時代為止，神道和佛教兩者，一直是神道和佛教的習俗、教義混然不分的所謂「神佛習合」的狀態。比如有說法認為神道中作為皇室祖神的天照大神，是阿彌陀佛在本地示現的形態，這樣的「本地垂蹟」說。

但在江戶時代，就像不滿外來的漢學高高在上而崛興的國學那樣，對於佛教的勢大，也有很多對此不滿的大名和學者。特別是在教義上，對於追求純粹神道的人來說，「神佛習合」完全不能接受。譬如水戶藩主德川光國，對此就十分反感。他在自已的領內把神道與佛教分離，從神社中去除了佛像等有關佛教色彩的元素。1663 年，他更命寺廟製作開基帳（開山系譜），兩年後開基帳共記二千三百七十七寺，其中卻

---

12 不過，神社所舉行的各種「祭」，成了民眾娛樂的酬神活動，比起漢語中提到祭祀的那種莊嚴肅穆的感覺，比較像英語中 festival 的那種祭典。庶民祈求生意興隆時會到神社，那倒是佛寺所未能涵蓋的業務。

有一千零九十八寺被認為沒有正當歷史而被廢寺。

熟悉中國史的讀者，很自然會看到這和宋朝以後朝廷屢次詔廢淫祠的做法相似。水戶藩因為招來了明朝遺臣朱舜水傳授儒學，受到中國的影響最為直接，但其他藩也有類似利用儒學扶助神道，以對抗佛教的情況。瀕臨瀨戶內海的岡山藩主池田光政，在儒者熊澤蕃山的協助下治理岡山藩。其中就有出於儒教的理念來扶神抑佛的措施。

蕃山著有《大學或問》，是以蕃山自問自答的方式寫成，其中就討論到佛教的問題：「（問：）在西域又或唐土，佛法均無如我邦之繁盛。佛法再興如斯者，何也？」蕃山身處的十七世紀日本，寺僧並多，看上去佛教非常興盛。然而，蕃山則答云「真為佛法出家者，萬人無百」，指真正向佛而成為僧侶的，只有百分之一，其他都是只為社會和政治的理由出家的人。蕃山認為這樣的佛教其實根本不是興盛；不是作佛教修行的僧侶，使之還俗工作亦可，這也是幫助佛教去除瘀血。

那為甚麼當時僧寺並多呢？據蕃山的分析，就是出於前文所述，為了取締天主教，幕府利用了佛教，在寺請制度下讓所有日本人都成了佛教徒，於是也多了很多寺廟和僧人，滿足制度的需要。

那就這一點，問者詰道：「今若停寺請，任天下之人信與不信，則多不歸於某寺作檀那（布施之事），則僧徒不能不及於飢餒矣。」對於終止寺請制度，則會有很多僧侶失業這問題，蕃山的回答則是：這樣的話，則現在豈非由幕府和各藩用公費供養僧侶？那麼，禁止這些胡亂出家、並不打算真正修行佛法的人，不就很應該嗎？

蕃山認為，要取締表面興盛的形式佛教，「應再興神道」；其中的原因並不一定是為了稱揚神道、而是扶植之作為與佛教對立的存在。在岡山藩裏，因蕃山這建議下，領內民眾不是如前述寺請制度向佛寺登記，而是採神職請制度，把戶籍登記在神社，由神道的神主來作身份保障。

蕃山得以在岡山藩施展其理念，畢竟是少數。其他對佛教反感的儒者，則嘗試貫通神道和儒教的道理，提倡神儒一致，以深化神道的理論。林羅山就著有《本朝神社考》六卷。內容是據《古事記》、《日本書紀》、《延喜式》、《神皇正統記》等史料，研究日本各地神社的源流，譴責「神佛習合」。此書作為近世早期神社的學術研究，對神道家和國學家的神道研究產生了重大影響，並成為國學和復古神道的先驅。

羅山不只考證神社，還嘗試利用宋明理學創新神道的理論。他提出「理當心地神道」，指神道的「道」相當於朱子學所說的「理」；其中儒家道德的智、仁、勇，又可配上歷來天皇宣稱得自天照大神作為統治日本列島的三神器，云云。

江戶初期另一位朱子學者山崎闇齋，也主張神道和儒家的統一，他的一派稱為「垂加神道」，闇齋是他作為儒者的號，垂加則是他在神道世界的號。闇齋認為《日本書紀》中提到開天闢地的神「天御中主尊」，化成「天人唯一之理」與人形神的天皇兩者。人們修習這神道，最重要在「敬」，敬就可以彰顯這「天人唯一之理」；而在人世，敬的對象就當然是人形神的天皇。比起羅山，儘管他的理論更為虛浮無據，但他宣揚對天皇的熱情為他贏得了許多同情者，他的學派也非常興旺，特別在幕末明治時影響了許多活動家。

這些大名和儒者致力於分離神佛，儒者又根據所學，援儒入神。這些都反映着他們所敵視的佛教的強大勢力，甚至從反面來看，岡山藩的神職請就只持續了光政一代，在光政隱居後就改回寺請。用業師小島毅教授的說法，就像是兩家較小的政黨（神道、儒教），聯合起來對抗當時最大的政黨（佛教）。

對佛教和神道之間有着甚麼看法，是日本人的宗教自由。而從歷史實證的角度，抨擊「神佛習合」是不符合自古以來日本傳統的看法，卻是站不住腳的。「神佛習合」本身就是與史實不符——這是指兩個本來有所分別的個體，被放在一起，但這並非事實。「神佛習合」並不是特殊的形態，而是佛教傳入日本後，一直和作為土著宗教的神道，在物理空間以至教義上交流共生的狀態。直至明治時代，要將日本改造成民族國家，而神道成為這民族國家的民族宗教時，佛教作為外來者就變得不能容忍，才出於政治要求，被行政手段分離出去。明治時代的神佛分離活動，當然並不是簡單的宗教鬥爭，而是與明治新政府試圖建立民族國家的政治理念相關。

再說一點超越本書範圍的明治時代的情況。由於《大日本帝國憲法》明定有信教的自由，於是明治政府就提出神道非宗教論，將神道定位為國民的傳統禮儀，甚至用公費支援指定的神社運作。於是就出現一種相當滑稽的情況：當時的宮司不會替一般民眾舉行宗教禮儀，而只是舉行與神社自身相關的各種祭典和儀式。這反而令神道教義和思想的發展大大萎縮了。

第三章

社會與教育

一般提到江戶時代的社會構成，會說是士農工商，又或統稱「四民」。這詞當然是來自中國的。最早見於《管子》、《穀梁傳》等秦漢兩代間典籍，而四民排序先後各異。但在日本史的語境上，則是描述一種社會分工，而不一定如表面上中國傳統經濟思想裏的那種「重農抑商」的說法，而意味着貴賤等級。

士農工商

在江戶時代被用來指稱各人的用例，在前文有關武士道的篇章裏提到的隨筆《可笑記》中可見：「士者奉公，農即百姓，工乃職人，商行買賣。此外即遊民，無用如鼠也。」

這裏把對社會有用和無用的人區分之餘，明確指出其中的農工商指農民、手工業者和商人，這與中國的情況分別不大。但當中的士，在日本社會則是指武士、而與中國所指的知識人大有不同。這裏的「奉公」不只是現代漢語中那種奉公守法，而是服務於主上、是指武士執勤之事。對日本近代史有造詣的讀者，大概會聯想到明治政府於 1890 年《教育敕語》中那句名言：「一旦緩急，則義勇奉公，以扶翼天壤無窮之皇運。」

雖然不同學者的統計有所差異，但這些大概只佔總人口百分之六至七的奉公人（武士）與後三者不同，是統治階級。上章提到江戶時代這種由武士到在城市上班的公務員的轉型，在政治上以慶安之變為契機，由武斷轉向文治。在社會上的層面來看，則延續了戰國以來的大勢。

武士與大米

戰國時代或之前，武士以農村為生產基地，直接控制農民。在現代日語中意指非常努力的「一所懸命」，其語源就來自中世以來武士倚靠領主所賜的土地生活的情況，後來才轉變成形容僅靠某種事物，所以要非常努力的意思。反過來，農民也可以通過參戰轉為武士，其中的細節可見於成書於江戶初期、作者不詳的《雜兵物語》，記述了作為最底層的步兵，如何自備武器參戰等戰場的日常操作，武士和農民之間的分別並不十分明顯。

而從秀吉開始，到德川家康開幕府，經歷了所謂太閣檢地，就是丈量以掌握耕地和相關農民身份，限制轉業；兵農分離，就是武士移住城下町，與農民分開；刀狩令，就是移除農民武裝等一連串措施，使武士和農民之間作為統治者和被統治者的身份固定化；亦在物理空間上，因執勤而使武士隨着主君到城市，遷離出農村土地。這樣武士並不直接參與或經營農業生產本身，亦不直接控制農民。

這意味着武士最終不得不放棄他們自平安時代以來，居住在村莊和領導農業生產的傳統，而成為城市的住民，依靠幕府和大名的俸祿生活。這些從農業村落中分離出來的武士，作為統治階層住在城下町。幕府以外的各藩武士，隨藩主搬到城附近也好，因參勤交代而隨主公來到江戶的藩邸也好，反正就是搬到城市居住。其中仍有約一成的武士保有自己的封地，稱為「知行取」。

移居城市的武士享有特權，一般來說就是苗字帶刀和斬捨御免。帶刀較易理解，是指佩執長刀（太刀）出門之事，他人只能帶稱為脇差的短刀防身。苗字是指得以稱呼（字）某家之苗裔，即今日中文中所謂的姓氏。當時並不是每人都有用來稱呼、分別自己家族的姓。這或可窺見當時人口流動並不太頻繁，不必區分是哪一家的太郎，而只直呼太郎可也。到 1875 年明治政府規定所有平民必須有苗字（姓），人們在選擇自己的苗字時無所適從，才會出現各種以地名為姓的情況，而成為今日日本人姓氏的一大特色。

斬捨御免，是指斬殺無禮之人後揚長而去（捨），都不會被追究責任（御免）。這聽起上來相當恐怖，但實際上出了人命都會經過審訊。胡亂殺人的武士也會被處罰，所以學者認為實際上刀鋒染血後完全無事的個案，也許並不太多。另外，這裏「御免」的對象，是指武士以外的人。如果對方也是武士，就會按上章所述的「喧嘩兩成敗」處分。所以武士碰到對方也是帶刀的，通常也有所忌憚。

有權利，也就有義務。老中、若年寄等高級武士以及各地大名，負責整個日本以及各地的政務，不在話下。就中下級武士而言，負責日常的都市行政、審判、警察、消防等市政的、設於江戶、大阪、京都三都的町奉行，其手下的與力、同心等職位，也是由武士擔任，具體的 dirty works 就由下文所述、被稱為町人的商人執行。由小說改編成各種影視作品的《鬼平犯科帳》，就生動地描述出當時武士官僚的各種市政職務。

武士職位基本是世襲而不易改變的。這首先影響到他們的薪水。知行取（有地）以外的武士，其基本薪水是家祿，按祖先功勳所得、是以家為單位，是該家武士的基本薪。到將軍吉宗時新設足高制，使低俸者任高職時發給津貼，離職後即取消，其子孫不能繼承，以節約家祿開支，又能獎勵人才。另外，有時還會有稱為「扶持米」的津貼。

這扶持米和本身的家祿，是名副其實的大米。明清兩代官員的薪水是俸銀，而江戶武士所收的就是俸米。武士收到俸米後，要通過商人將其兌換成貨幣，以購買必需品及籌集資金。在江戶的話，他們首先與稱為「札差」的中介打交道。

札差的形成大約在寬永年間（1624-1645），於1724年左右得到官許。幕府的米藏[1]在淺草。本來武士們從那裏領出俸米，要換錢就需要運到米問屋（批發商）販賣。怕麻煩的武士，都讓俸米直接送到在淺草稍南的藏前（今天東京還有這地名）開店的札差處。之前武士會在札差裏付手續費後取得手形（票據），俸米發放當日就可用手形向札差直接換錢。另外，代售大米也會收取手續費。相對之下，札差要負擔搬運和倉貯等成本。但他們的利潤不止在手形和代售的手續費，以及買賣米價的差額，最重要的是還讓武士用俸米作為擔保，對其放高利貸。

這是江戶的情況。把規模擴大到全國來看的話，大阪成為當時最重要的大米市場。大阪在戰國後期已是相當活躍的商業都市。在江戶時代，各大名一般都

1 藏與倉在日語中同音，即米倉。

在大阪建設自家米倉，把農民的年貢（租稅）運到大阪，從大阪的米商換取貨幣，米商再把大米零售給普通人。而隨後大米換貨幣的機制進一步發展，大阪米商在江戶開設了分店，大名在大阪交割大米後獲得票據，就可直接在江戶換取貨幣。這演變成有大名在大米尚未收成，就已立下契約，從米商處提取貨幣。1696 年在大阪成立的堂島米市場，集合了全日本的年貢米，1730 年第一張大米期貨合約在堂島誕生。

由於江戶時代的東日本經濟以黃金為主，西日本則以白銀為主，故大阪的大米便成為了中介基準，決定金銀、以至銅錢的兌率。大米市場就這樣連接到金融市場。有說江戶日本的經濟是米本位，關鍵就在這裏。

米價在江戶時代不止是單純的經濟問題，而是會動搖到以大米為收入的武士利益的政治問題。穀賤傷農的情況，在江戶日本卻微妙地讓已離開農村的武士，和農民的命運再綁在一起。享保年間（1716-1736）數次災害和豐收相間，令米價波動甚大。將軍吉宗費煞思量，在歉收時向有餘米的大名購入大米售出，以致不惜破壞祖法，定所謂「上米之制」，讓大名按石高獻米百分之一，回報則是參勤交代時在江戶的時間減半，後來還是認為這樣向大名要米有失幕府顏面，故在紓困後的1730年廢止；又在豐收時透過商人購米。這樣一番操作，被後世稱之為「米公方」（米將軍）。

幕府的本質是武士政權。這點由始至終都沒有改變。將軍、幕臣、大名、藩士都很清楚：武家和公家不同，有着剛健樸實的風氣（最少他們自己這樣認為）。但到了江戶時代，武士移居城市後，特別是可以使人「在京都穿窮、在大阪吃窮、在江戶買窮」[2]的城市生活，的確讓人大破慳囊。武士為了自家的顏面，不能犧牲相應的排場，否則在人際關係中會處於劣勢。於是「殺君馬者道旁兒」，為了門面，使江戶的武士出現了各種他們父祖輩在戰國時不大需要的支出。禮服器物、時節打賞，都成了他們的重擔。江戶時代以來，就有「武士雖不食，（都要像吃過了一樣，）牙籤必高揚」的一句諺語，生動地描述了武士為了門面死撐的困境。

死撐的結果通常就是撐死。隨着商品和貨幣經濟發展，武士基本固定的俸祿跟不上通貨膨脹。前面提到武士以祿米擔保向札差借錢，但所借不足時，往往要以第二甚至第三年的祿米作擔保，年息高達百分

2 原日語，各市的講法亦有異說。

之二十。武士的身份又使他們難以兼職他業，於是貸款令他們泥足深陷。幕府為救助旗本、御家人，頒過《相對濟令》，不接受有關金錢訴訟，讓雙方自行解決，實際上是允許武士賴賬。但這打擊了商人資本，又阻塞了武士借貸門路，故於 1729 年撤回。1789 年甚至頒佈過《棄捐令》，直接讓旗本、御家人免還五年前的舊債。做到這個地步，就可了解到當時武士在經濟上的困境。江戶中期以後，下級武士開始與商人通婚，開放其武士的家系，更甚者是去做商人的養子。

在農村的「百姓」

細心的讀者對於前述《可笑記》中那句「農即百姓」，應該覺得有點費解。在中國史上，「百姓」是指皇族和官員以外所有被統治的人們，不論他們是從事農業還是其他。但在日本史上，這詞則是專指農民，而且帶有貶義。按筆者的語感來說，有種叫人「耕田佬」的感覺。在今日的日語古裝劇的台詞中，已很少直接云「百姓如何如何」，甚至一些舊劇集重播時提到這詞，還會被當作歧視用語而消音處理。這大概是以中文為母語的讀者所難以理解的。

不論如何，這些「百姓」是幕府和各大名的基礎，作為前者收入的年貢大米，都是來自農民的。幕府和各大名將農民都集中在全國約八萬個村落。農民的土地都記錄在檢地賬（土地調查簿）上，各家庭的構成則被記錄在前述寺院中的宗門人別帳。這樣村裏的地和人，以及村落的疆界遂被確定。

徵稅是以全村為單位，而非向個人直接收稅的，因此村是一個共同體。但基本上只要各村如期繳稅，幕府及各藩很少直接介入村中事務。村裏的運作，主要是由農民中選出的村役人（村幹部）負責，他們被稱為「大前百姓」，而不擔任這種職務的農民被稱為「小前百姓」，沒有土地的叫「飲水百姓」（水吞百姓）；此外還有各種不同的叫法和分類。

村役人負責監督村裏的生產和生活，維持秩序，把罪犯交往幕府或藩，而最重要的是代收年貢。在村的運作上，必要時就像中世以來的做法，召開村民大會，討論村裏的管理問題，特別是與鄰村協調所謂「水利慣行」的水利合作規則，並制定村法規範村中生活。這樣，江戶村落的組織性極強，村中行政非常發達。這和中國的情況相比尤為明顯。學者指中國在縣以下的基層，不太找到族譜以外因制度衍生的史料。而江戶留下的村文書則非常豐富。這反映出江戶的村行政已非常複雜，需要大量文件才能運行。

但就在江戶的農村高度自治的同時，在江戶時代的農村，來自領主的監督也有所加強。其中有據說由幕府在 1649 年頒佈的《慶安御觸書》，內容共三十二條，規定農民日常生活中細至食物、衣服、住房的細節。

有學者認為《慶安御觸書》並未提到天主教相關的禁令，似乎不是江戶時代初期之作，而應成於中期。但不論如何，這都反映了幕府對農民的看法——就是層層疊疊，嚴加看管。其中特別是農民會被組織成五戶一組的五人組（江戶初年為十人組）以互相監督。而到現在日語仍有「村八分」一詞，意指被徹底孤立、杯葛。其語源就來自江戶時代對違反農村秩序者，除了火災（因為會波及鄰家）和喪事（忌諱）這兩分外，其餘各事都不與來往的一種處罰。

從今日看來，幕府建立這種農村共同體，將個別的農民捆綁其中的做法，似乎頗為成功。到了現代日本城市裏的企業，比起個人表現更重視組織團結的作風，固然出於各種因素，而似乎仍帶着江戶時代農村的記憶。

生活上有各種規限，財政上農民則需按所謂四公六民或五公五民的原則，向領主繳交年貢，即每年收

穫的四成或一半需要上繳[3]。流傳德川家康說過管治之道，是使農民既無餘財又無不足（傳本多正信《本佐錄》:「百姓は財の余らぬ 様に、不足なき様 に治むること道なり」），甚至有更為生動地譯成要「讓農民求生不得、求死不能」。這雖稍嫌刻薄，但相比今天很多地方的稅率，四公六民的稅率，確是沉重。

不滿這種生活的農民自然不少。於是整個江戶時代都有所謂百姓一揆[4]的農村運動，據統計多達三千二百多宗。但這和中國史上提到的「農民起義」那種殺官造反不同。參與一揆的農民多數有具體的訴求，譬如減稅或糾正不公之事，而絕少要推翻藩或幕府的統治，因此很多時在訴求得到回應後便會散去。也因為法不責眾，很多情況下幕府和藩也只處罰起事者，而順應農民的訴求。譬如今日東京成田國際機場附近的地方，在江戶時代屬於佐倉藩。江戶初期有農民木內總五郎向幕府越訴，即跳過自己的領主直接向其上申訴，這是中世以來所嚴禁的行為。結果，木內夫妻並四子全家被殺。後來佐倉藩覺悟前非，承認木內是義民。

3 這是純以水田所產大米計算。農民如果擁有旱田，能生產大米以外的作物，該作物的收成則按錢算。有時米貴錢賤，則農民會傾向生產大米以外的作物。
4 揆：用心的意思，語出《孟子・離婁下》。一揆就是指同心協力抗爭。

不少從成田國際機場進入東京的旅客，在進入東京的火車途中，會看到有「宗吾靈堂」這個地名——那不是一個殯儀設施，而是指附近的東勝寺，其中因供奉着木內的牌位而稱。（總五郎的總五後來音轉成宗吾。）江戶日本為政者的做法，似乎到今天仍足資參考。

由江戶中期起，由於年貢過高、災害頻繁，以及資金湧入農村，導致豪農和貧農的處境兩極化；富裕農民通過事實上的土地買賣（形式上的土地買賣受到限制）成為大地主，有些人甚至成為高利貸，變成了當地的商人。而下層農民在年貢和商品經濟的壓力下，放棄了土地，離開農業，成為從事各種雜務的日工；也有乾脆離開農村，逃到城市。這些人有的成為學徒，但許多人成為城市的流民。幕府也曾頒佈《流地禁止令》、《他國出稼制限令》、《舊里歸農獎勵令》等法令，限制農民的流動（雖然效果不佳）。

町人與城市文化

讓我們回到城市。

城市的居民除了武士，主要就是手工業者與商人，後者被稱為町人。「町」來自漢語，語出《說文》

「田踐處曰町」，原指田間小路，在日本則作為城市小區的指稱。由於這些小區是圍繞着將軍和大名的城發展起來的，因此也被稱為城下町。城下町在之前信長和秀吉的年代已經開始興盛，而到了江戶時代更有長足的發展。

江戶時代對町人的管理，大致與農村一樣。比照武士委任村役人負責村中秩序、代收年貢，在城下町內也實行五人組，住民有連坐之責。司法、警察、消防等行政權由前述武士出身的町奉行掌管，具體的行政事務，諸如傳達幕府法令、土地及房屋的管理、審查戶籍、管理各種行會組織、徵收各種公役和營業稅、審理民事訴訟等，則由町年寄（江戶、大阪、長崎稱之，其他地方稱呼各異）、町名主等統稱為町役人的工商界領袖處理。

敏銳的讀者可能感覺到江戶時代的町人有着中國近世商人那種「商而優則仕」、官商合流的意味。但中國學者劉鳳雲教授的研究，就闡明了二者之間卻存在着本質性的差異。町年寄等雖是町的實際管治者，但其町人身份始終固定，沒有中國的那種透過科舉考試晉身統治階層的制度，故絕少會變為武士，其商人身份也決定了他們在利益上與町人階層一致。明清商人的捐官入仕或其子弟科舉及第，乃至晉身高位，則是由商人變為官僚、加入政治體制，而利益關係的考慮，也基本上由商本位轉成官本位。

町人的家業，不論是企業或是手藝，都是世襲的，通常稱為「某某屋」。對江戶以至今日的日本人而言，比起維持血緣，維持家業更為重要，故在最後情況，仍會找沒有血緣關係，但有能力的人當養子，以繼承家業。不止工商業者，之前提過作為幕府御用儒者的林家（林羅山）、御用圍棋棋手的本因坊家一路的傳承中，都有過養子入繼。到今日為止，相撲活動中的教練仍被稱為「親方」，是名副其實的師「父」。相對武士有苗字（姓），町人（有時還包括百姓）則有屋號。而這在某種意味上與中國人的姓一樣，是世代相傳的稱號。分別在於中國人的「家」着重在父系血統的傳承，日本人的「家」則着重某種技藝和生意的傳承。

在今天日本的報稅表上，填寫個人資料的部分，還有屋號、雅號一欄，用來填寫所經營生意或茶道、花道等藝術世界裏所使用的名號。

町人經營工商業要交納運上金（營業稅）、冥加金（專營稅、不定額），但說負擔一般比農民的年貢輕。而且町役人的職位有時還可以世襲，又可從領主得到減稅。於是成為江戶、大阪等大城市中的一大勢力。特別在江戶，大量因參勤交代而來到江戶的大名及其相關人員駐在江戶。這些純消費的人員就刺激了當地商業。町人的財力漸漸凌駕武士，憑着他們優越的技術和豐富的資金，發展出獨特的城市文化。這種城市文化在後世被稱為町人文化，相比京都的公卿、以至武士的文化，影響至今。

町人文化發展的高潮時期是將軍綱吉執政的元祿年間（1688-1707），所以又有「元祿文化」之稱，廣義上則是指十七世紀末至十八世紀初的市民文化。文學上松尾芭蕉輕淡自然的俳句[5]，之後甚至流傳到西方，引起文藝研究者的廣泛興趣。井原西鶴的「浮世草子」（當代寫實小說）嘲笑怒罵、深刻描寫各種人性慾望，具有強烈現實主義色彩。舞台藝術方面的人形淨琉璃[6]興於大阪，又有戲曲作家近松門左衛門寫出像《國姓爺合戰》（描述鄭成功反清復明的故事）、《曾根崎心中》（取材自大阪的一則殉情事件）等優秀劇本。

與淨琉璃長期爭取觀眾的，就是更為人知的歌舞伎。歌舞伎三字在漢語亦通，一見可以理解為載歌載舞的意思，但其語源來自戰國時代かぶき（kabuki）

5　俳句：一種分為五音、七音、五音三段，共十七音節的日本短詩，定型在江戶時代。

6　人形是木偶，淨琉璃是一種主要用三味線（三絃琴）伴奏的說唱藝術，即木偶說唱戲。

一語，指奇裝異服、惹人注目之意，後來轉指一種民間的舞蹈表演。在江戶較早表演這種藝術的，一般認為是島根縣出雲大社的巫女阿國。據說因為阿國團隊的表演中，女性不戴面具而載歌載舞，男性則出現為滑稽角色，並加上各種精心設計的舞台效果，大受觀眾歡迎，後來風行全國。歌舞伎由舞蹈進化為融合音樂、戲劇等的綜合藝術的同時，逐漸被幕府認為有傷風化，於是禁止女歌舞伎，只許男性表演。這樣就形成現在女角是男扮女裝的歌舞伎。而演員華美的衣着、誇張的舞台效果，仍然傾倒眾生。有說還指因為引起男色風氣，所以一度連男扮女裝的歌舞伎都被禁絕，後來漸漸解禁，延續至今，成為代表日本的舞台藝術。

說到江戶時期的藝術不能不提浮世繪。那是泛指在江戶時代的流行畫作，主要在江戶地區發展，也被稱為「江戶繪」。題名的「浮世」有多重含義：指的是現世，而不是彼岸；是現在，而不是過去或未來。其繪畫風格上被認為遠承大和繪[7]。作為町人的畫作，它們與武士階層所欣賞的狩野派中國水墨畫似乎對立，但仍然積極吸收和融合其他流派的繪畫傾向。為

7 大和繪：由平安時代對比起中國水墨畫的技法，而內容亦着重描繪日本世俗面貌的一種畫作。

了向大眾傳播價廉物美的畫作，畫師主要用版畫的形式作為表達媒介，也有專門從事手繪的浮世繪畫家。

江戶初期的浮世繪一開始就有兩大類：風月場所的場景和美女圖，以及歌舞伎和演員的肖像。起初，對美女的描寫幾乎只限於高級妓女（所謂大夫或太夫），之後擴展到其他女子。役者繪（演員肖像）一開始是歌舞伎演員的理想化肖像，然後是上半身和面部的肖像，類似今日的演員照片。漸漸描繪町人和武士的日常生活和風俗的作品也明顯增加，豐富了浮世繪的內容。此外，還有許多參考了日本和中國的詩歌、故事和民間傳說等，基於文學主題的肖像畫，特別是描繪日本和中國的偉人和英雄的武者繪，在整個江戶時代都很受歡迎。

浮世繪的題材在江戶變化較大，多了風景畫和花鳥畫這兩種一直是其他流派關注的題材。山水畫有名所繪（介紹某名勝的風景和人們的生活方式）和道中繪（路途風景），都從旅行者的角度描繪沿途驛旅的風景和習俗。在花鳥畫中，則選擇動植物作為主題，並使用俳句及和歌詩，傳達時節的詩情畫意。

浮世繪不僅提供了純粹的觀畫樂趣，而且還作為一種大眾傳播媒介，用藝術形式傳遞新聞。諸如有在名人死後立即為其畫像，並通過寫下他們的功績和辭世之句的浮世繪，安政大地震後立即出現的鯰繪（當時人們傳說地震是因地下有巨大鯰魚在攪動所致），以及展示新開放的橫濱港的橫濱繪，是浮世繪版畫中具強烈新聞性的例子。

浮世繪不止感動到日本讀者。因着在 1867 年幕府派團參展巴黎萬國博覽會為契機，從十九世紀下半葉起，Japonism（日本品味）開始在歐美流行，浮世繪也因而對印象派等西方現代藝術運動產生了重大影響。莫內（Claude Monet）繪有《日本女人》（*La Japonaise*），直接將浮世繪畫在畫中人身上。

部落民

在江戶時代的四民之外，是被稱為「穢多」、「非人」的賤民，他們與這些燦爛的城市文化無涉。那是一種因犯罪等原因遺留下來，由中世以來就存在的最下層世襲身份。他們被指定集體居住在郊區村落一角，故被稱為「部落民」。對於信仰禁殺的佛教和視血及死亡為穢的神道的江戶日本人，屠宰、製革、掘墓、獄卒、劊子手等這些厭惡性工作，就讓部落民去做。部落民有自己的首領，稱彈左衛門，負責溝通幕府和部落民之間，並按幕府的要求獻上皮革等製品。

這種身份形式上在江戶時代結束以後的 1871 年的《解放令》中消失。但由於民眾對他們的偏見，據說保守的企業和家庭，到了二十一世紀的今天，還保有部落民名冊，在就業和婚姻上歧視所謂的部落民後代。因此直至今天，還有着相應的部落解放運動。

江戶時代的教育

正因為在江戶時代的社會結構上，武士和平民（農工商等）被嚴格分為統治者和被統治者，教育也基本上出現武士教育和平民教育兩種模式，武士階層的學校（藩校）和平民的學校（寺子屋、私塾）是分開建立和獨立發展的。而在教育內容上，與中國對照之下，日本社會並沒有通過科舉、可以「學而優則仕」的途徑以及風氣，所以教育的知識和形式也顯得多元化。到江戶時代結束時，各種教育都現代化發展。武士階層的教育和平民的教育逐漸接近，兩者的融合也得到了開展，使教育更接近現代。

武士的教育

前文提過在慶安之變後幕府的統治方針轉向文

治，因此武士的教育除了各種武藝，也開始重視儒學。幕府在江戶建立的昌平坂學問所，可謂江戶時代的最高學府。這所學校源於儒者林羅山的私塾及孔廟，本來在上野。後來在將軍綱吉時，私塾和孔廟被移到了湯島，因其中有孔廟，通稱「湯島聖堂」。

林家的湯島聖堂是個受幕府保護、半官半私的教育機構，但幕府最終認識到需要一個由其直接控制的文教機構，故在 1797 年，聖堂受幕府的直接管理，改稱昌平坂學問所（或雅稱昌平黌），其長官仍由世襲大學頭的林家當主（族長）擔任。由於改為官學，學問所不再作為林家的私塾接受一般學生，而是作為教育旗本和御家人子弟的學校。隨着規模逐漸擴大，並向各藩的家臣開放。

學問所在寬政改革後成為幕府的教育中心，並作為當時的最高學術機構蓬勃發展。如前上述，江戶時期其實不止朱子學，各種儒家學派都有發展起來。但主持學問所的林家以朱子學為正學，特別在 1790 年，本身就崇尚朱子學的老中首席松平定信執政時，學問所只教授朱子學，即所謂「寬政異學之禁」。後來到另一位傑出教官佐藤一齋主持時稍稍放寬，而兼取陽明學。

從許多藩都根據學問所的課程設計來建設自己的藩校，以及不少學問所的學生後來到了各藩成為教師，故可以說學問所還成為各藩學校的典範。而到了幕末，隨着幕府的衰落和西學的發展，學問所已無法保持曾經的權威。維新後改稱大學校，最終在 1871 年廢止，而在源流上被視為東京大學的前身之一。

各藩的學校

許多藩校起源於教授漢學的私塾，後來被擴大和發展為藩直接管轄的藩校，譬如會津藩的日新館（今福島縣）。藩校的教育重點是漢學，特別是儒學，這種傾向由藩校的校名就可見一斑。家康的九男德川義直是尾張藩的開祖，曾組織翻譯《大明律》，就索性沿襲出自《孟子》的明倫堂、這個在明朝以及朝鮮、琉球孔廟裏的設施，來命名尾張藩的藩校。其他較有名的藩校亦可見到這種特徵。

藩校名稱	創校年份	校名典故
米澤的興讓館	1691	《大學》:「一家讓，一國興讓。」
和歌山的學習館	1713	《論語 · 學而》:「學而時習之，不亦說乎？」
仙台的養賢堂	1736	《周易 · 頤卦》:「天地養萬物，聖人養賢以及萬民。」
鹿兒島的造士館	1773	《禮記 · 王制》:「順先王詩書禮樂以造士。」

水戶的弘道館	1841	《論語・衛靈公》:「人能弘道，非道弘人。」

從元祿時代起，藩校開始增加，之後迅速發展。教育的內容也逐漸擴大，漢學以外還有國學，到幕末時，許多學校甚至增加了包括西醫的洋學內容，還建立了基於水準的班級制度。而藩校本來就是培養藩內武士的學校，故許多藩校的校舍內都有練習騎射刀劍等的設施。武術與學術教育在藩校相結合，成為藩士的綜合教育機構。

幕末藩校這些出身藩士或平民的學生，不少在明治維新後建設現代日本的過程中，發揮了核心作用。所謂「維新三傑」中的西鄉隆盛和大久保利通，就出身藩校造士館。而藩校在明治維新後逐漸被淘汰，但也有不少在明治政府所建立的新學校制度中，成為中學和高中直接或間接的母體。就這兩點來說，藩校在江戶時代結束後，仍對日本教育有所貢獻。

普通人的教育

基於社會結構，與武士被期待兼修文武兩道，在知識上着重政治、軍事、文學等傾向相比，江戶時代的普通人則被要求具備一般道德，並有日常生活所需的知識。

從江戶時代中期起發展起來的寺子屋（寺子是小僧的意思），或作寺小屋，在日語中都讀作 terakoya，是普通兒童獲得讀寫基礎的簡單學校，滿足前述對一般道德和生活知識的需要。其起源可以追溯到中世末期，本來是指在寺廟中進行的教育，從寺子屋或寺小屋的稱呼可知。寺子屋從江戶時代中期開始逐漸發展，到幕末，不僅在江戶和大阪，各藩內的小鎮，甚至農村和漁村都有許多寺子屋，遍佈全國。學者認為明治新學校制度於 1872 年頒佈後，在很短的時間內就能在全國各地建立小學，可歸功於江戶時代寺子屋的基礎。

寺子屋的教師被稱為師匠，學生被稱為寺子（不論僧俗）。許多師匠本身就是寺子屋的主人。就身份而言，他們最常見是平民，其次是武士和僧侶，其比例因地區而異，有地區是平民之後僧侶師匠多於武士，而在另一些地區，則可能是武士師匠多於平民。每家寺子屋約收六至十二歲學童二三十名。

寺子屋並不像藩校那樣教授漢學經典等高深學問，而是提供普通人日常生活所需的實用技能，主要為讀寫，另外有專門的算盤塾。而到幕末，有許多寺子屋也兼教算盤。這樣的寺子屋就更接近於學校制度後出現後的小學。寺子屋最先教授的是用來認識日語五十音的伊呂波歌和數字，然後是干支、方向、城鎮和村莊名稱、姓氏和國盡（用唱歌的方式列舉律令制的國名）。書寫方面，寺子最先看師匠寫的字來學寫，會寫字後又學習寫往來物等。

往來物既是習字也是用來閱讀的教科書。顧名思義，往來物最初是往來信件的結集，即中國所謂的尺牘。往來物的起源可以追溯到平安時代，而在中世，它們主要是作為武士階層的教科書而製作的。到了江戶時代，則發展為普通大眾的教科書，以普通人的生活為背景，各種不同內容的教材被納入其中。中世時的信件是以漢文或候文[8]寫成的，而江戶時代的往來物則是以一般人更熟悉的漢文、假名混淆文寫成，有些甚至是以押韻的方式書寫。

學者指因為江戶時代經濟生活和交通的發展，擴大了普通人的日常生活範圍，故需要更多地理知識。國盡和介紹東海道（大致由江戶到京都）沿途地方的《東海道往來》，是這方面的典型例子。另外還有專門介紹大都市的《京都往來》、《江戶往來》、《大阪

8　候文：中世至近代期間使用的一種書面日語，屬於變體漢文。

往來》。

更重要的是直接與行業有關的往來物。成書於江戶中期約享保年間（1716-1736）的《商業往來》，放開了書信的形式，臚列出商人所需的知識，包括貨幣、穀物、運輸、佣金、飲食、文具、絹布、衣服、家具、染樣、盔甲、馬具、手工藝品、唐和製品、珠玉、陶磁、雜具、廚具、藥種、香具、山鳥海魚。最後還提出暴利不能長久之類的道德勸戒。因為以後又出現了許多仿效《商業往來》的《百姓往來》(農業)、《番匠往來》(工藝)之類，都是與人們的經濟生產直接有關的。

還有一些不以往來物為名的道德教材，反映了當時對一般人的道德期許。特別值得一提的有來自中國的《六諭衍義》。《六諭》是明太祖在1398年頒佈的六條教導民眾的道德規範：孝順父母、尊敬長上、和睦鄉里、教訓子孫、各安生理、毋作非為。明末范鋐則闡釋其內容成為《六諭衍義》。留學清朝的琉球人程順則在1683年於福州首次接觸到該書，後來在1706年再度往中國時自費出版並帶回琉球。後來經薩摩藩主島津吉貴獻給將軍吉宗。吉宗命室鳩巢作和解(日譯)、荻生徂徠作訓譯，兩者後來都以官版出版，而鳩巢的和解名為《六諭衍義大意》。後來江戶著名的師匠，都被招到江戶的奉行所，授予《六諭衍義大意》，讓他們在寺子屋教習，因此明太祖的聖喻，就這樣作為江戶日本人的倫理道德，在東瀛普及開來。

私塾的發展

與藩校和寺子屋同樣，私塾是江戶時代重要的教育機構。私塾一般設於教師的自宅中。從辦學者的性質而言，相對於幕府或各藩而言，寺子屋固然也是一種私塾，而與藩校不同的是，這裏提到的私塾是兼收武士和平民的學校。相比寺子屋只針對啟蒙教育，本節介紹的私塾，往往是為了傳授某一學派或藝術流派的深奧知識，以教師和學生之間密切的個人關係為基礎。而隨着時間的推移，它們逐漸具有了開放的特徵，並在維新後發展成為現代學校。

江戶時代的私塾有漢學塾、國學塾、蘭學塾，亦有兼授諸學者。上章說過武士道不只是忠君，但忠君確是武士道的核心內容。為了鼓勵這種價值，幕府鼓勵漢學、尤其是儒學。於是，由著名儒者建立的漢學塾吸引了許多學生，培養了不少傑出人才。比起林家學問所的門戶森嚴，伊藤仁齋的古義堂、荻生徂徠的蘐園塾、中井竹山兄弟的懷德堂、廣瀨淡窗的咸宜園，都因其學術上各有特點而廣為人知。雖然在明治維新後，漢學塾衰落了，但在塾中教授的儒學，在現代日本的教育思想和內容中被廣泛繼承。

至於其他學問，國學方面，本居宣長的鈴屋奠定了國學興盛的基礎。特別在幕末和明治維新期間，講授與天皇意識形態有關的國學塾越加興盛。由那位「宣長沒後門人」平田篤胤所主持的氣吹舍，是幕末和學塾中的佼佼者。其中學生到了明治時代還與舊昌平坂學問所研究漢學的學者，在建立新制大學的過程中爭奪學問正統。國學和漢學的爭鬥，並未隨江戶時代一同結束。

蘭學塾的情況，如西博德的鳴瀧塾和緒方洪庵的適塾，則在上章已大概提過。

會讀：知識交流的公共空間

在私塾和藩校中，除了由師匠單方面教授知識，還有稱為會讀的讀書會。通常是一個約十人的小組，通過抽籤選擇當日的演講者，演講者閱讀先前指定的文本，並在當日報告。其他人提出問題，講者回答。這是要求每個人都做預先準備，否則無法成立的學習方法。其中師匠通常不說話，直至講者辭窮或出現衝突時，他才會適當評論，但不給予強有力的指導。會讀通常會是一場熱烈的辯論。參加者會感受到許多不同的意見和想法。

愛知教育大學的前田勉教授指出，在江戶時代末期的背景下，以前僅僅是一種學術研討會，由於這種成員得以公平和自由地交流的氣氛，使會讀這一場合，成為培養對不同思想的寬容，對無論地位或性別而看待眾人的平等，以及對思想和信仰的自由。

走筆至此，這種江戶時代的讀書會，卻是讓筆者想到自身在二十一世紀日本的留學經歷。日本大學的課堂，分成由老師向學生單向講授的「講義」，以及共同閱讀文獻、由參加學生報告的「演習」。筆者在東京大學參加過《朱子語類》、《大學衍義》、《朝鮮（王朝）實錄》等史料的「演習」，其中指導教授近乎塑像、不憤不啟的作風，以及班上成員不論輩份的交鋒，與二百年前的江戶私塾，並無二致。

女子教育

江戶時代的社會是以武士社會的主僕關係為基礎的，這延伸到家庭時，父母和子女之間，以至夫妻之間，很多時都被視為與主僕關係相同。故女子的教育是以這種關係為基礎的，被認為是次要以及與男孩的教育完全不同的。在這點上，平民與武士階層幾乎一樣。在江戶時代，人們認為女子不需要像男孩那樣接受高度的學術教育，她們應該學習如何做一個賢妻良母。江戶時代出現了如《女大學》、《女論語》、《女訓孝經》等各種針對婦女的說教書籍，表明婦女的教育被認為是有別於男性的。這和中國社會十分相似。

女子教育主要是在家中進行的，如在家庭之外，則很多時是在大宅或女僕處做學徒來學習禮儀。有條件的話，可以到寺子屋上課。江戶中後期也出現了專收女子的寺子屋。一些上層社會的女子會學習手工藝術和閱讀、古典文學和各種藝術，但這並非多數。到了幕末，在寺子屋學習的女子人數才逐漸增加，還建立了獨特的女子教育設施。然而，在寺子屋就讀的女子人數遠遠少於男孩，而且女子的教育內容仍是與男孩不同，仍是如縫紉、茶道、插花和禮儀等。總的來說，江戶時代女子教育的重點是賢妻良母型教育。

第四章 日本與世界

說到江戶時代的對外關係，不管檢索中文材料還是日文的教科書，都可見一種現在仍很流行的一種說法，是指江戶時代是閉關鎖國的年代。有甚者還將之與清朝並列，一同視為近代以前東亞諸國「封閉落後」的共同表徵。但事實上，幕府一直在今日北海道南端的松前，九州的長崎和薩摩（今鹿兒島）以及對馬島的所謂四口，分別和北面的愛努人、荷蘭和華商、琉球以及朝鮮，進行外交及商貿活動的。

本章題為「日本與世界」，而下章則名為「世界與日本」，其中內容雖然同樣涉及江戶日本與世界各國的關係，但並非一雞兩味，而是在本章先述在長崎進行、由日本出發所主導的對外貿易、文化活動及其中隱含的外交動作，在下章則主要是把日本置於東亞、以至全球環境中，介紹其各種官式的外交關係，再檢討所謂鎖國的說法。最後介紹在幕末日本所面對來自西洋各國的挑戰，對傳統日本外交秩序以至幕府本身的瓦解。

華洋同處的長崎

提到長崎（Nagasaki）[1]，讀者大概會想起是曾被原子彈轟炸的地方，以及豪斯登堡這個模仿荷蘭城鎮的觀光樂園，但對它在二百多年的江戶時代中作為唯一公開接待外商的港口一事，恐怕所知不多。

長崎在九州的西南部，其建設可以追溯到鎌倉時代的貞應年間（1222-1224），地方豪族長崎小太郎在櫻馬場（今長崎市內）建造的一座山城，當時它被稱為永崎。後來長崎甚左衛門（由小太郎起計算的第十四代）受信仰天主教的領主大村純忠之命，在 1570 年向耶穌會開港，翌年葡萄牙船入港。當時的長崎被規劃成有六町（一町約一百一十平方米）大小的城市，後來在 1580 年與另一城市茂木（在今長崎市東南）一起被獻給耶穌會。但到 1587 年，豐臣秀吉驅逐傳教士，長崎有西班牙、葡萄牙教士與日本信眾（包括青少年），共二十六人（史稱「二十六聖人」）被殺，其地也成為秀吉的直轄領地。1592 年，秀吉任命代官

1 漢字在日語中往往是被用作標記讀音，而沒有採用漢字在漢語中原本的那套形音義的。故古代日語書寫並不嚴格，naga 這個代表長的意思的讀音，在日語有時會用長、有時則用永字來表示。就像現在第二大城市大阪，讀音為 Ōsaka。偏偏大和小在日語中幾乎同音，只在於長音 Ō 與短音 O 的分別，故在明治以前「大坂」也有寫作「小坂的」。

（有力大名的代表官員）到當地，使長崎成為他直接控制的貿易港，開始朱印船貿易[2]。這種貿易一直持續到所謂鎖國為止。期間三百五十五艘朱印船中有超過三分之一屬於今長崎縣的商人。

儘管如此，最先開放給葡萄牙人、英國人、荷蘭人和中國人的港口，其實是在九州西北、較長崎早二十年開港的平戶。鄭芝龍早年就在那裏發跡，日後大大有名的鄭成功也在平戶出生、生活到六歲。

出島蘭館

長崎得以取代平戶作為幕府的對外貿易港，要到1641年，荷蘭東印度公司的商館從平戶遷至幕府特別建造的人工島——出島（Dejima）。出島的建設本來是為了招待葡萄牙人的。但後來葡萄牙人被驅逐了。荷蘭人受到歡迎，一般認為是因葡萄牙人堅決在經商的同時傳教，觸動了幕府的底線，同樣堅持這種做法的西班牙人，則在更早的1624年已被日本驅逐。荷蘭人雖然本身就是為了宗教自由而立國的，卻在面對東方各地政權時相當靈活，並不強行傳播他們用性命

2 朱印狀是戰國各大名發出的海外貿易許可狀。而拿着這些朱印狀出海貿易的船隻就叫朱印船。

所維持的新教信仰，而在幕府鎮壓島原之亂時，向幕府軍提供大炮和彈藥，並自海上轟擊農民軍所佔的原城協助幕府。可以想像日本的天主教徒，對信仰新教的荷蘭人來說都是敵人。聯想到日後與清朝組成聯軍進攻台灣的鄭氏政權，荷蘭人在開拓貿易利益時，選擇與當地強權合作的做法，始終如一。

顧名思義，出島就是在長崎外面的地方。這扇狀的人工島佔地約一萬三千一百一十七平方米，在島的西側有一用於裝卸船隻的水閘和河岸。島的內部被東西和南北向的兩條道路分為四分，其中有商館長的住所、商館職員和水手的住所、花圃和菜園。貿易設施方面，並有倉庫、通譯和日方官員的會議場所。在西北靠近入口處豎起了一枝懸掛荷蘭國旗的旗杆——1810 年，荷蘭被併入拿破崙的法蘭西帝國，翌年荷蘭東印度公司在亞洲的重鎮巴達維亞（今雅加達）又被英國佔領。故到 1815 年尼德蘭王國成立為止的三年裏，世界上唯一懸掛的荷蘭國旗，就是這根旗杆。

出島的四周由木柵圍繞，北側中間面向江戶町的一座橋，是通往長崎市區的唯一入口。在這裏設有警崗，並豎起告示：禁止妓女和高野聖（koyahijiri，小販）等必要人員以外的日本人進出。當然，長崎奉行所的官員、阿蘭陀通詞（荷語通譯）、出島乙名（出島的管理者）等相關人員不在此限。荷蘭人原則上也被禁止進入長崎市區，但也有如上章所述像西博德那樣被特許可以離開出島，從事醫療等各種活動的西洋人。

儘管如此，商館長有時候不只不被禁止、而且是必須出外的——到江戶參見將軍，即日本人所謂的「江戶參府」。商館長由1633至1850年為止，共去了一百六十六次。從1789至1801年起，訪問次數減少到每四年一次，之前曾頻繁至每年一次。包括在江戶的行程，往來長崎和江戶需約九十天。商館團會在元旦、後來是在三月朔，在江戶城的大廣間（大殿）參見將軍。最初，商館一行從長崎航行到大阪，後來則習慣從陸路穿越九州，從下關通過瀨戶內海航行到大阪。在大阪時，還有參觀住友銅廠的慣例，因該廠生產的銅是日本主要出口產品之一。行程的最後一段則是在著名的東海道前進，沿途基本上在特定的旅館過夜，有時在大名、奉行、寺廟處。

他們參見將軍的過程容後再述。在向將軍致送正式的禮物，主要是羊毛、絲綢和錦緞織物，以及葡萄酒外，還有交付上次參見時，將軍和幕府高官所下的訂單，包括異國動物、繪畫、珠寶、望遠鏡、顯微鏡、放大鏡、藥品、鐘錶、測量儀器、武器、書籍、地圖、地球儀等。在江戶逗留的半個到一個月期間，大量的日本人，包括所謂有「蘭癖」（喜愛西洋事物）的大名、幕府的官醫和天文學家、大名的醫師和民間學者，拜訪在江戶室町長崎屋旅館（今東京中央區日本橋）的商館使團，透過通詞與荷蘭人交流各種資訊。這種得以直接接觸西洋學者的機會，對蘭學發展有很大幫助。而這旅程被荷方稱為 Hofreise（宮廷之行），旅途的紀錄總是被保留下來並寄回荷蘭，日本的消息也由此定期傳到國外。

荷蘭人每年在出島自費（出島的租金是由荷蘭人負擔的）當數個月「高級囚徒」，以及長途跋涉到江戶低聲下氣，這樣大費周章，其實都是為了利潤可達百分之五十的日本貿易。蘭船通常在每年八九月利用季風從巴達維亞來長崎，十一月到二月適合的季節返航。蘭船入港後需經檢查，帆、宗教書籍及武器會被封存至離開為止。從 1641 到 1847 年間，共有蘭船六百零六艘來日。早期船隻抵達次數較頻密，就可反映出重大的貿易利益。但在十七世紀末左右，日本因作為主要的出口商品銅不足而使出口萎縮，進口商品則漸變價格高昂（同時帶動走私活動猖獗），令金銀流出。故到 1715 年，幕府為改善這種情況，頒佈《海舶互市新令》，規定每年只准兩艘蘭船入港，交易量為白銀三千貫（日本銀單位，每貫約三點七五克），銅交易量在五十萬斤（每斤約六百克）。

蘭船在江戶初期輸入的主要是來自印度、廣南（在今越南中部的政權）的生絲，以換取日本的銀。中期以後，則是輸入胡椒、砂糖、玻璃製品及書籍等，日本方面則因為前述阻止白銀外流的原因改為輸出銅（最為大宗，後來也加以限制）、樟腦、瓷器及漆器等。此外，由於荷蘭人在出島基本上保留西式生活，故不為貿易原因，仍有不少外國事物由商館流傳開來的，計有羽毛球、桌球、啤酒（從荷蘭運來。而當補給不繼時，商館員甚至會在出島釀造）、咖啡、鋼琴、蕃茄、朱古力等。

然而，進入十八世紀，日荷貿易與荷蘭在東亞、以至全球的勢力同步萎縮。在十七八世紀之間，由於英國海軍的持續發展，荷蘭人在海上的優勢逐漸消失，到第四次英荷戰爭，荷蘭大傷元氣，國內亦對亞洲商品需求大減，公司的經濟出現危機。而公司本身不能適應市場的變化（作為公司本業的香料貿易，利益已經大減），更因兩個世紀以來的發展變得架構臃腫。終於在十九世紀前夕的 1799 年 12 月 31 日解散。就其東亞的情況而言，早在公司解散前的十八世紀末，由於運河淤塞帶來瘧疾等民生問題，公司連長期以來的據點巴達維亞老城都逐漸被放棄。出島荷蘭商館的情況也就可想而知。

在前文提過荷蘭被拿破崙吞併後的 1810 年起五年裏，沒有一艘蘭船進入出島。期間，幕府免費提供食物和一些必需品，其他支出則由長崎會所（原本是幕府生絲專賣制度而設的商會，後來有著海關的稅務功能）墊支，但即便如此，到 1812 年，總金額超過了八萬零二百兩銀。商館長 Hendrik Doeff 出售其個人書籍予幕府，設法解決財政困難。Hendrik 本身亦研究日語，編有《荷日辭典》，而且據說留下西方人所寫的第一首俳句。這樣他透過學術積極結交幕府人士，維護了荷蘭的尊嚴之餘，亦深得日本人敬重，到今天仍被認為是日荷交流史上的重要人物。

復國後的荷蘭接收了東印度公司遺產，繼續半死不活的長崎貿易，在十九世紀中葉迎來了日本開國的風潮。1855 年幕府與荷蘭簽訂《日蘭和親條約》，並在後者的協助下，在長崎建立了海軍傳習所。後來在幕末帶領舊幕府艦隊到今日的北海道，對明治政府頑抗到底的榎本武揚，就是海軍傳習所其中一位學生。荷蘭送給幕府的 Soembing 號，成為日本第一艘蒸汽船，並作為海軍傳習所的練習艦。翌年幕府准許荷蘭人在長崎市區活動。1858 年根據《日蘭修好通商條約》，最後的商館長 Janus Curtius 終於不止是商館之長，而成為名實相符的荷蘭外交代表。在他的斡旋下，幕府廢除了踏繪制度。而在 1859 年，荷蘭關閉出島的商館，日荷外交關係完全由新成立的總領事館負責。

唐人屋敷與在長崎的華人

至於華商定期到長崎貿易的做法，比荷蘭人遷到出島還要稍早。他們原先也和歐洲人一樣被安排在平戶交易，而搬到長崎後與後者的分別，在於沒有專門的商館。經歷了明清易代、沒了頭髮的華商照舊被允許在市區居住。但在 1688 年，長崎為了防止走私及杜絕天主教的傳入，將華商集中監控，建設了面積約三萬九千九百三十平方米、約為出島的二點四倍、有十九棟各五十間房的兩層房屋的唐人屋敷。各屋上層的二十個房間是留給船頭（商船代表）和商人的，下面的房間則讓船員居住。

華商的倉庫在 1698 年曾被焚毀。為了避免同類事件再次發生，幕府在新填海的地方另建倉庫，稱為新地。後來在開國後唐人屋敷被廢棄，原有的中國商店遷移到新地原本倉庫的地方繼續營業的很多。於是延續至今，成為長崎的新地中華街、也是日本三大中華街（另兩者為橫濱及神戶）之一。

與出島一樣，唐人屋敷周邊有圍牆，兩個出入口都有人看守。中國人除了到政府機關和唐寺[3]參拜外，一律禁止外出。而日本人除了官員、唐通事（漢語翻譯）和商人，也只允許妓女進出。

長崎的華商貿易由明末已十分興盛。明末清初之際，由於鄭氏龐大的海上勢力及清朝的遷界令，一時間鄭氏的船隊獨佔長崎的對日貿易。1683 年鄭氏政權覆滅，翌年清朝宣佈展海，華商紛紛到長崎，規模更勝從前。比起蘭船只來自巴達維亞，由中國人經營的唐船，其起航地顯得多元，主要分為口船（江浙兩省），中奧船（閩廣兩省），以及奧船（來自廣南、馬來半島、爪哇、暹羅等東南亞地區）。其中「奧」是內裏的意思：自日本出發，感覺上較近的江浙就是入口，東南亞則好像是遙遠的裏面。

唐船的貨物中以生絲、砂糖、藥材、染料等的唐物（不一定是中國產，但是由唐船載來的商品）極受歡迎，從寬永通寶（日本銅錢）大量流入華商之手，數量之多，以至驚動乾隆皇帝，以為又有另立正朔的

3　唐寺：中國人所建設經營的寺廟。船上的菩薩、天后聖母、媽祖等神像，在回程之前都會供奉在內。

反清政權出現一事可知。所以，前述限制白銀外流的《正德新令》，比起蘭船，更主要是要限制數量及交易額都比蘭船多的唐船。新令頒佈之後唐船來長崎貿易，限每年三十艘、白銀六千貫，其中銅的交易量為三百萬斤。而較蘭船多了一項規條，就是需取得由唐通事發出、稱為信牌的貿易許可證；沒有信牌的唐船，即使來到都不與貿易，於是引發出一連串有關信牌、商人之間以至日中官方的糾紛。

為了取代金銀和銅貨，幕府鼓勵出口所謂「俵物」予華商。「俵」是用稻草織成的袋子，本來泛指商品，後來專指用這種袋來裝載的曬乾海產。出口予中國商人的通常是海參、鮑魚、魚翅，被稱為「俵物三品」。另外被鼓勵輸出的，還有海帶、魷魚乾等各種海產（諸色）。有學者指中菜到今天仍以鮑參翅肚為貴，也許與這些食材在清朝被輸入、普及有關。

在《正德新令》後，唐船的船頭為取得信牌，於是挖空心思盡量滿足幕府的要求，將軍吉宗對唐船頭要求過帶來醫師、馬醫、馬匹以至善騎射者。唐船頭在陸續滿足了他的要求的同時，特別因馬醫和善騎射者等與軍事相關的輸出，則引起清朝猜疑。浙江總督李衛於是在赴日貿易的商人中任命總商，由總商限制出口敏感事物，更須負責調度銅貨，盡量滿足清朝對銅的需要。

不算這些矛盾，由唐船輸入的事物中，1728 年輸入的大象，卻引起了日本全國轟動。在第四代將軍家綱時，荷蘭人獻上了波蘭學者 Johannes Jonston 的《鳥獸蟲魚圖譜》（*Historiae naturalis de quadrupedibus libri, cum aeneis figuris*）。後來的將軍吉宗很喜歡這部書，並受其啟發，命荷蘭人進口西方馬匹，試圖改良日本馬，而且為了親見書中的奇珍異獸，相繼進口了麝香貓、孔雀、鴕鳥、火雞、鵝、鸚鵡、駱駝、猩猩，以至於象。

在幕府的要求下，唐船頭鄭大威於是在廣南找到一隻七歲的母象和一隻五歲的公象，由兩名象師和兩名翻譯陪同，於 1728 年 6 月 13 日抵達長崎。大象被安頓在唐人屋敷中，但母象不幸於 9 月死亡。

於是，公象只得獨自上路。一行人、公象於次年 3 月 13 日離開長崎，4 月 16 日抵達大阪（應是如荷蘭商館長那樣由船運通過瀨戶內海到達）。在地的日本人不知道如何照顧大象這種新來的動物，沿途一直費心於製作飼料、建造象舍以及加固道路和橋樑。

大象被安排進入京都，讓中御門天皇觀覽。據說因無官位的人不許入宮，故大象被封為「從四位廣南白象」。4 月 28 日，中御門天皇和靈元法皇[4]在宮中「接見」大象。大象向法皇屈膝，令後者甚為感動云云；天皇和法皇，以及不少公卿大臣，都寫有和歌記述此事。

大象於次日離開京都，繼續沿東海道前進。5 月 17 日，在穿越箱根山口時，大象停了下來、口吐白沫。象師餵其食藥，休息了四晚後終於翻山到達了箱根宿。大象在沿途的許多地方引起了一遍象的熱潮，出現了各種關於象的書籍、版畫等。大象在到達江戶後，使用大象圖案製作的小雕像、劍、劍帽和印盒等產品也開始流行。其熱潮應不亞於上世紀的熊貓東渡。

大象終於在 5 月 25 日到達江戶。27 日，吉宗與世子家重（後來的第九代將軍）在江戶城大廣間的前庭看着大象從櫻田門入城。他之後多次參觀大象，觀察象師騎象的情況，並親自餵過大象。

廣南象師陪同大象在江戶逗留了約一個月，期間日本人通過翻譯學習飼養大象。大象一直被送到各大名的府邸展覽。熱潮過去後，幕府開始覺得飼養的負擔沉重，於是徵求民間接手。大象輾轉由平民收養，終於在 1743 年，來自廣南的大象，病逝於江戶。

4　靈元法皇：中御門天皇的祖父，退位後出家的稱為法皇。

以獎勵實學聞名的將軍吉宗，格物致知的好奇心自然不止於奇珍異獸。學者指出，吉宗本人在成為將軍前的紀州藩主時代，已經對《大明律》有相當研究。而在他繼任將軍後所輸入供他專用的書籍清單裏，有大量明清兩朝的政書，包括《大學衍義補》、《大明會典》、《大清律例》（及其各種註釋）、《六部則例》和中國各地的方志。幕府成立後一百四十年才出現的成文法《公事方御定書》就在吉宗時代成書，與他和幕府大量研究中國的法律和行政書籍，不無關係。不止將軍，對明律研究有興趣的，還有加賀藩主前田綱紀。他作為藩主而著有《大明律諸書私考》，並曾向長崎方面請求輸入較冷門的《大明律》註釋供其參考。

除了上章所介紹的研究中國傳統思想文化的漢學，江戶的知識人之間，更有直接利用由長崎輸入的漢籍，來研究清朝這個對於他們來說的「當代中國」。著名儒者荻生徂徠之弟荻生北溪精研了《大清會典》中官職的部分，成為了江戶時代清史研究的先聲。北溪又認為要正確理解清朝，必須加深對內亞的了解，而沒有單純地認為這是一個中華王朝。這可謂與今日新清史的觀點相近。

要說在長崎出現的日中書籍交流，則並不止於漢籍單向輸入日本，也有把在中國失傳的古籍回流中國之事，特別是宋學興盛之後在中國已不多見的漢唐古註。其中較有名的有南朝梁皇侃的《論語義疏》，是現存唯一完整的義疏體[5]，由儒者山井鼎在足利學校[6]找到、並刊刻出版的。後來經華商採購回國，收入清朝有名的《知不足齋叢書》。由長崎輸出的還有《古文孝經孔氏傳》。《孝經》在西漢時據說有由孔子後代孔安國所作的傳，但在五代或北宋初已散佚。與荻生徂徠在師弟關係上若即若離的太宰純，校正在日的版本、並加註音，出版成《古文孝經孔氏傳》，由呂國商人汪鵬在長崎購得並帶回清朝。如果要挑剔說太宰之書是校正典籍而非著作，則同由汪鵬所帶回的山井鼎的《七經孟子考文》，則考證了《五經》、《論語》、《孝經》、《孟子》的文字。這些已經失傳的舊典以及考證性的書籍，在清朝乾嘉考據學者眼裏，備受重視。兩書更被收入《四庫全書》，成為這套叢書裏僅有的日本人著作。

與蘭學主要透過在商館的醫生和學者傳播相比，漢文化在日本的傳播已久，亦已形成上章所提到的漢學傳統，故江戶時代的漢學發展，不靠中國學者的面

5 義疏體：南北朝時儒經和佛經慣用的一種註釋方式。
6 足利學校：1447 年左右創校，是林家的湯島聖堂建立前關東最重要的漢學學校。

傳口授。而在嚴肅的學術外，江戶時代仍有如儒者朱舜水和禪僧隱元隆琦，以至畫家沈南蘋等，都在長崎帶來當時明清兩代最新的文化技術，豐富了江戶日本的文化世界。

特別是由於華商與日本貿易的規模和次數都較荷蘭人為多，在頻繁的接觸下，當時華人的生活習俗等就漸漸由唐人屋敷傳播出去。比起日本人自己有一份食物、各自進食的定食文化，中國人那種把料理放在一起一同取食的餐桌文化備受矚目。由中國僧人所傳授的普茶料理（中式素菜）之外，有名的桌袱料理[7]，今天仍為長崎人所津津樂道，並作為鄉土特色菜介紹。

不止飲食，中國的流行娛樂，在江戶時代其實也有過影響日本的情況。好像音樂，隨着時間，這些被日本人概括為「明清樂」的中國音樂，開始從長崎流傳開去。其中一首かんかんのう（Kankanno）最為有名。據說有出身長崎的演員在1820年的大阪，改編中國音樂《九連環》，使用月琴、二胡等中國樂器演奏，舞者則穿上清裝跳舞。這種充滿異國風情的表演風靡日本。聽到上腦的日本人，即使絕大多數不會任何中國話，都在哼唱。這裏摘錄一段かんかんのう的

---

7 桌袱原指桌布，後來引申指菜式數目成雙的中式宴席，分前菜、用碗盛的熱菜、拼盤、甜品等。

歌詞，懂日語的讀者可以嘗試蓋上下一段括號中的原文，猜猜歌詞的原字是甚麼。

かんかんのう　きうれんす

きゅうはきゅうれんす

さんしょならえ……

（看看也。賜奴的九連環，九啊九連環，雙手拿來……）

用明治大學加藤徹教授的比喻，就好像二十世紀後半葉的日本人不會英語，也無礙他們哼着披頭四的歌曲欣賞一樣。當時唐人屋敷的流行文化，比起荷蘭商館傳授自然科學的知識和西醫，對日本人可謂有着更親民的一面。

總括而言，長崎因着其同時處理東西洋兩大貿易夥伴的角色，其國際性和受外國文化刺激之處，並不是薩摩、對馬、松前其他三口所能比擬。當時其實有不少繪卷描繪了長崎的風景，反映了日本人自其中眺望的世界。其中較有名的是川原慶賀的《唐蘭館繪卷》。而筆者發現荷蘭國立博物館（Rijksmuseum）所藏另一幅作者和原題不明，英文標題作 The Trading Post at Dejima（編號 NG-1977-4。http://hdl.handle.net/10934/RM0001.COLLECT.325259）的日本繪卷極為有趣。繪卷從右到左是：長崎港外海的五艘船，包括一艘荷蘭船、一艘暹羅船和三艘唐船。接下來是長崎的地圖，上面有出島和唐人屋敷。隨後是中國人在其中的一些生活場景。接着是荷蘭人在出島的生活場景。

這繪卷的有趣之處，不只在於囊括了荷蘭人和中國人、以及東南亞人，在各自的出島和唐人屋敷裏的生活，以及他們所帶來的各種日本罕見的事物。最吸引筆者注意的是，畫內竟有兩人仍然穿着類似明朝衣冠，在打躬作揖聊天。這不應是寫實的場景，更似是訴說着日本畫家心中的長崎，就是這種融會了他們所能想像到的外國人事的地方，不論是現在、還是過去的。

外交都市的長崎

花開兩朵，各表一枝。出島的荷蘭人和唐人屋敷裏的華商上述的經貿和文化活動交流，其實都是在幕府外交政策和當時的國際大環境下進行的。

幕府沒有要求尼德蘭王國或東印度公司稱臣，但商館長的江戶參府和他們贈送的禮物，是被幕府按照中國的朝貢理念，被解釋為朝貢行為與貢品的。這可從幕府接待商館一行的態度和要求清晰可見。商館長在江戶城朝見將軍時是要俯伏在大廣間，等候禮官大喝一聲「Oranda no Kabitan」（阿蘭陀的甲必丹），才能像荷蘭人自己形容那樣、像一隻龍蝦一樣用四肢匍匐進見將軍。呈上禮物後會被帶到另一區間。這時商館長用巴達維亞總督的名義表示感謝允許貿易之意，然後幕府官員就會隨意詢問。很多時是由御用醫師詢問有關醫學的問題，荷方就通過翻譯回答。

「出島三學者」之一、神聖羅馬帝國出身的醫生 Engelbert Kaempfer，在 1691 年和 1692 年跟隨商館使團前往江戶。他在被譯成英語的遺稿《日本誌》（*The History of Japan*）裏提到，在這些禮節性和學術問答之餘，荷蘭人被要求脫下斗篷，坐直讓日本人看清楚他們的樣子，衣帽、佩劍被傳覽。之後就是戲肉：讓荷蘭人表演各種動作，包括走路、站立不動、跳舞、跳躍、扮演醉漢、說生硬的日語、朗讀荷蘭語、繪畫和唱歌。Kaempfer 自己也全力以赴，表演了舞蹈和一首德意志民謠。

他寫道，通過這樣的馬騮戲，就像他之前和之後的許多其他荷蘭使團，會使日荷貿易變得「輕巧」起來。儘管他未必知道日本人對這種馬騮戲還起了一個專有名詞：「蘭人御覧」，日語的文法是賓語在前、動詞在後，意思就是「看看那些荷蘭人」，以及觀眾中還有着大奧[8]裏包括將軍的妻室、將軍家的女性親戚以及女官等成員。她們其實就在幕府官員後面的捲簾，一同看着荷蘭人的表演。

拜見完將軍退出江戶城後，商館使團還要到老中、若年寄、側用人、寺社奉行、江戶的南北町奉行等幕府高官處迴勤（巡迴參勤），即送禮或交付上次下單的貨物，請求關照，這又花費兩三日才完成。到離開江戶時，還要再到江戶城向將軍「暇乞」（乞求將軍萬機之餘讓我辭行）。幕府官員會再次宣諭貿易時須注意的事宜，商館長通過翻譯表達領命，然後退出。等收到將軍的回禮後，便可以返回出島了。

在這些儀式中可以清楚看到，荷蘭人不是幕府的貿易夥伴，而是請求、甚至乞求幕府給他們一點油水的外國人。

東京大學羽田正教授提過，印度洋海域和東南亞一帶可以說是「經濟之海」。歐洲的各間東印度公司把勢力拓展到東南亞、把自己的理論（也許還包括宗教）和商業習慣加諸當地時，沒有遭受到過多的抵抗，其貿易事業得以開展，是出於當地王權開放而且同意自由貿易。但各國東印度公司從印度洋這片「經

8 大奧：江戶城中將軍的住處，常引申指他的後宮。

濟之海」往東推進，結果來到東亞這片由陸上政權支配的「政治之海」。在東亞，無論是明清兩朝，還是江戶幕府，都有集中和強力的王權，並採取由陸上政權（國家）規範、管理海上貿易的態度。

荷蘭東印度公司在這個「政治之海」，其實並不一定屈從於在地政權。著名的亞歐史大家包樂史教授指出，該公司在亞洲採取的策略，是不斷交替使用「schenkagie」（透過送禮與外交手段）與「conqueste」（征服或使用暴力），來取得有利的貿易條件。後者的代表例子分別是對待暹羅的大成王朝的方式，以及在爪哇的殖民統治。對於江戶幕府，早在十七世紀初的來往中，從所謂濱田彌兵衛事件[9]起，荷蘭人已經知道日本不是一個可以用武力令其屈服的對手。巴達維亞總督府的文件，以及公司在十七紳士[10]的會議紀錄中，經常提到要對日本謙卑，裝成無害的小商人（當然，更不必再提傳教的事），以維持巨額貿易。

這就是他們為何在葡萄牙人、西班牙人都被驅逐後，成為唯一得以與日本保持關係的西洋人。不管他們內心想法如何，二百年來的江戶幕府，讓他們最少

---

9 濱田彌兵衛事件：1627 年日本商人在荷蘭控制的台灣貿易時，因關稅糾紛，以致挾持荷蘭長官為人質談判，之後荷方屈服，取消對日船徵稅。
10 十七紳士：Heren XVII，公司中掌實權的十七位董事。

形式上變成將軍的忠心臣僕。從這個意義上，可以看到當時幕府主權的強大。

回到日本史的語境中。幕府當然不是為了貢品和欣賞他們的馬騮戲，而容許荷蘭人貿易的。荷蘭人在提供幕府需要的商品之餘，最重要的任務是每年提交關於世界大事、所謂「阿蘭陀風說書」的報告[11]。現存的「阿蘭陀風說書」多達三百一十八件，涵蓋時間從1641到1857年。其內容上與後述的《唐船風說書》，成為幕府在「鎖國」後了解世事的珍貴資訊來源。

「阿蘭陀風說書」帶來的消息中最重要的，要數鴉片戰爭清朝戰敗，以及荷方預知美國艦隊會前來叩關、勸告幕府自行開國避免衝突的兩事。後者的應對在下一章會詳細介紹。至於前者，清朝被西洋人打敗的事實，深深地震撼了江戶日本，人們開始努力吸收海外資訊。魏源的《海國圖志》幾乎每次改版就經長崎引入日本，而且一再被日本人翻刻、改編、譯註。

---

11 日本開國後，改為提供巴達維亞總督府出版的紀要，幕府則在蕃書調所翻譯了這些報紙，並以《官板巴達維亞新聞》的名義出版。

明清易代與長崎

在長崎的華商雖然並不如荷蘭人那樣有義務呈交具體的報告書，但幕府也向他們搜集情報。這些報告被統稱為「唐船風說書」，其中最有名的是收錄了由1644至1724年共八十一年間的二千三百份風說書的《華夷變態》及其續編《崎港商說》。

《華夷變態》是由幕府儒官林鵝峰、林鳳岡父子編輯的。用上「變態」這樣「勁爆」的書名，加上鵝峰落款延寶二年（1674）的序文，清楚反映了幕府了解到中國最新情況後對中國看法的轉變：

崇禎登天，弘光陷虜，唐魯才保南隅，而韃虜橫行中原。是華變於夷之態也。雲海渺茫，不詳其始末。如《剿闖小說》、《中興偉略》、《明季遺聞》等，概記而已。朱氏失鹿，當我正保年中。爾來三十年所（所字在日語中有被訓解成分量之意，這裏應是鵝峰無意間按日語習慣添進），福漳商船來往長崎，所傳說有達江府者，其中聞於公，件件讀進之、和解之，吾家無不與之。其草案留在反古堆，恐其亡失，故敘其次第，錄為冊子，號《華夷變態》。頃聞吳鄭檄各省，有恢復之舉。其勝敗不可知焉。若夫有為（疑佚「於」字）夷變於華之態，則縱異方域，不亦快乎？

「華夷變態」，就是指漢人的中國被外族統治，這種顛倒了（變）漢人的明朝統治中國的情況（態）。書中不僅有關於清朝的豐富資訊，還有鄭氏政權、三藩以及明清勢力此消彼長的情況。其中收錄了如李自成寫給史可法、鄭氏三代向日本請兵的書信，三藩之亂中吳三桂的檄文等，就可看到幕府在所謂鎖國的年代，其實相當把握到海外的情況、特別是經貿及歷史淵源上極為相關的中國。

特別是鄭氏的關係，使長崎以至幕府，在明清之間不能完全置身事外。與日本深有淵源的鄭芝龍，在降清前就嘗試寫信予長崎奉行請兵，幕府未及回覆而鄭芝龍已降、隆武帝的福州政權覆滅。後來鄭成功仍是三番四次向日本請兵。關於日方回應的程度，根據學者研究有不同的說法，但最少認為出兵一事是有被認真討論過，以至連矢志反清的朝鮮孝宗也風聞日本將出兵而躍躍欲動，希望與南明及日本三方夾擊清朝。不論如何，儘管武士戰清兵的畫面沒有實現，但幕府一直有資助鄭軍的兵器、火器、鹿皮、甲冑等軍械物資，更不必說長崎一直與鄭氏政權貿易，就是對他們最大的支持。

筆者沒有查到清朝透過長崎直接與幕府接觸的證據，但有一事令幕府不得不處理明（鄭）清雙方的訴訟。鄭成功的堂兄鄭泰，長期管理財務。後來鄭經整肅其勢力，軟禁鄭泰。其弟鄭鳴駿和泰子鄭纘緒等人懼禍降清，鄭泰聞訊後自盡。鄭泰死後，鄭經查冊發現有一筆鄭氏的資金寄存在長崎的唐通事處。於是派人向日方索要，但同時鄭鳴駿也派人到日本要求歸還。幕府認為存銀是鄭氏公帑、而鄭經已經繼位，應該歸還給台灣方面，但又以鄭鳴駿方持存銀勘合（各執一邊、合以為憑的收據），表示僅以雙方的提訴理由不能遽決，要求雙方提出充分理據。於是往後數年，雙方各派代表到長崎交涉。到 1674 年，幕府決定將存銀交給鄭泰遺族。但此時正值三藩之亂，在北京的鄭泰遺族被清朝控制，行動不得自由，想再歸屬鄭經，於是以存銀勘合為條件請降，鄭經答應。翌年，鄭經派員到日本取回部分存銀。

這項爭索存銀的事件，堪稱冷戰香港「兩航事件」的江戶日本版。不妨大膽想像，就像冷戰中的香港，明末清初異國的長崎，是南明、鄭氏、三藩、清朝各方勢力博弈的舞台。

信牌事件

前文提過江戶中期以後為了限制金銀銅等流出，

幕府透過長崎的唐通事向華商發出信牌，作為貿易許可證。沒有信牌的船不許入港和貿易。於是沒有信牌的華商，就以接受帶有日本年號的信牌為由，告發那些有信牌的生意對手。

信牌是由日方所發的文件，其中使用日本年號，在今天看來似乎理所當然。但在重視正朔的近代以前的中國，國人所使用的年號代表他的政治歸屬。接受外國年號，是一件可以提升到奉外夷正朔、背叛本朝的嚴重政治事件。

何況之前只與朝貢國貿易的明朝，就是透過發行勘合這種帶有明朝年號許可證予各朝貢國，持勘合者方可在明朝貿易的。那麼清朝商人使用帶日本年號的信牌，方能與日本人貿易，就像從前的外國向明朝貢、使用載有明朝年號所發出的勘合才能貿易那樣，同樣地服從日本。這使清朝國威落於下風，自然觸動了清朝官員的神經。只是受理案件的浙江當局意見分歧，結果把案件連同信牌實物，送到北京請朝廷定奪。

在北京，清朝有人提議要向華商發給文件作為官商，故要與日本交涉，且要取締擁有信牌的華商。但康熙皇帝親自看過信牌後，卻是將之淡化成不過是民間交易時所用文件，不是日本的官方文書，故並無問題，而不需和日本做任何外交交涉。

從現存的信牌看來，是以「長崎譯司特奉鎮台憲命」的文句開始的。「譯司」是翻譯辦事處，那自然就是唐通事。「鎮台」是模仿清朝的府台、道台等各級官署的稱呼，就是指長崎奉行。在這事上，唐通事只是日本官方的仲介，傳達長崎奉行及其背後的幕府命令的傳聲筒。信牌本質上絕對是日本的官方文書。只是康熙帝想到日本金銀銅的重要性而維持貿易的需要，沒有掀起與日本的外交糾紛，將之淡化為唐通事的文件。同時主政的幕府儒者新井白石，在回答老中們擔心信牌制度會否引起清朝不滿的詢問時，也明言信牌並非由長崎奉行所發出，而是通事和商人之間的協議，並不認為會在清朝發生問題。

十八世紀中日兩國的領袖，透過長崎過了一招，展現出同等的政治智慧。

第五章

世界與日本

比起上章所介紹由日本主導與荷蘭和華商的 外交及商務關係，幕府與在地理上比中國更為接近日本的朝鮮的外交情況，因着對等的官式外交關係，其操作比前兩者都大異其趣。

而到十九世紀初，西方列強來到日本。因美國海軍準將培理的兩次來訪，幕府被逼開國。開國對日本國內的政治和社會帶來變化，激發了幕末時期的尊王攘夷運動。幕府由是在周旋於外國的要求，國內要求鎖國的各藩和被各藩利用的皇室之間，走向終結。

江戶時代以前的日朝關係

朝鮮通信使起源於室町時代。室町幕府第三任將軍足利義滿時，派遣過「日本國王使」到高麗，後者則派使節回答。朝鮮立國後，朝方也曾遣使三次，以祝賀新任足利將軍的繼位、促進友好，並要求鎮壓為害朝鮮的海盜。後來官至領議政（首相）的申叔舟，在 1443 年最後一次朝鮮對室町幕府的成功遣使中，是使團中的書狀官（秘書），所留下的《海東諸國記》，記錄了日本與琉球之間的來往，以及日本各國（指本州、九州各地及一岐、對馬諸島的大名）的國情，以及朝鮮與它們的外交禮儀。

此後朝方因日本情勢混亂、朝日貿易低迷等原因，沒有積極遣使到日本。倒是九州各大名和統治對馬島的宗氏（對馬藩），取代了衰弱的室町幕府，仍以「日本國王使」的名義向朝鮮遣使以至朝貢，以維持雙方的貿易。朝方也樂於營造倭人來朝的場面，以及日本「使節」曾一次過帶現銀八萬兩買盡朝鮮木綿的大手筆，也就隻眼開隻眼閉地容許朝鮮商人，與這些被後世學者稱為「偽使」的日本使團貿易。

1592 至 1598 年間豐臣秀吉的兩度入侵，不必說大大破壞了朝日關係。日軍在朝鮮全境的殺戮和掠奪，對朝鮮的人命和財產帶來難以估計的傷害，可以想像朝鮮上下對日本的切齒痛恨。只是日朝雙方仍免不了和對方打交道。在秀吉之後逐漸掌握日本的德川家康，希望透過朝鮮向明朝傳達善意，重啟自十六世紀中葉已斷絕的對明貿易。朝鮮則需要帶回有數以萬計被虜到日本的人民，而且在國際形勢上，也越來越感到北面女真的威脅，為免腹背受敵，與日本修好的需要也越加逼切。只是以己方是戰爭受害者，對是否先遣使到日本猶豫不決（先遣使好像求和一樣）。

結果，朝方的辦法是先派在戰時抗擊日軍、在武士中也頗有名氣的僧人惟政前往「探賊」[1]。1604 年，惟政從對馬進入日本，並於次年 2 月 20 日在伏見城會見家康，回來時還帶回了一些朝鮮俘虜。朝方似乎感到已代豐臣而興、掌握日本大權的家康，是可以交涉的對象。這次會面可謂定調了朝日關係得以正常化。

中間人：對馬藩在江戶初期的日朝外交

儘管如此，朝方仍要求江戶幕府先發國書。為此，在 1605 年，對馬藩偽造了一份國書交給朝鮮。儘管從形式上看有偽造的嫌疑，但朝鮮還是在 1607 年派出了「回答兼刷還使」。「刷還」是韓式漢語，意指帶回，明言遣使目的就是協商遣返朝鮮的戰俘。對馬藩則對幕府將朝鮮使團包裝成可以追溯到室町時代的那種一般的通信使。使團在江戶城和德川家早年發蹟的駿府（今靜岡市），覲見了第二代將軍秀忠和名義上退休了的家康。隨後在 1617 年和 1624 年的兩次遣使中，對馬藩還偽造了朝鮮使節交涉的內容，並偽造幕府的國書，最終在 1609 年達成了日朝關係正常化，簽訂了關於日朝貿易各規定的《己酉條約》。

1　賊：日本侵略者。

對馬藩的膽大包天，其實是關乎他們本身的死活。對馬島山多地少、農作不興，因位於日本和朝鮮之間，經濟上一直依賴與朝鮮的貿易。如果在侵略朝鮮時還能發戰爭財，那戰後就必需盡快恢復與朝鮮的正常關係、以繼續貿易。所以殺頭生意有人做，對馬藩就這樣瞞着朝鮮和幕府雙方玩火。

出來行當然要還，但對馬藩的操作並不是被幕府識破，而是由內鬼揭發的——這內鬼居然就是對馬藩的家老柳川調興。柳川生於江戶，從小就在家康和秀忠的膝下活動，並在幕府有強大人脈。他自恃受家康的器重，想從主家獨立出來成為幕府的旗本，並認為幕府也想直接控制日朝貿易，因此膽敢揭露主家偽造對朝鮮國書之事。

1635 年 4 月 27 日，三代將軍家光讓對馬藩主宗義成和柳川調興在江戶城大廣間對質，俸祿在一千石以上的旗本和大名都在場。結果，宗義成被認為無罪，幕府還是像以前一樣把日朝貿易交給對馬藩，柳川調興被流放到津輕（今青森縣），史稱柳川一件。

宗義成重掌對朝外交，但由於已失去在朝方有人脈的柳川調興，之前負責偽造國書的臨濟宗僧人規伯玄方也被流放，對朝外交陷於停滯，特別是後者，使對馬藩缺乏當時東亞外交至關重要的漢文素養。因此，幕府從京都五山[2]僧侶中，挑選出特擅漢文者為朝鮮修文職，到對馬藩的以酊庵[3]輪值，負責準備外交文書、接待使節、監督貿易。因此，日本和朝鮮之間的貿易像以前一樣被委託給對馬藩，但被置於幕府的嚴格控制之下。

朝鮮通信使

柳川一件似乎只是日本的內部事務，並沒有影響到日朝的關係。朝鮮恐怕對其中內情也不太掌握。1636年起朝鮮使團仍被派出，並以帶回俘虜一事已經完成，而改名為通信使。此後每有將軍即位，就由對馬藩通知朝鮮，讓後者派出通信使到江戶祝賀將軍繼任。由1607年的第一次「回答兼刷還使」算起，至1811年間，朝鮮共遣使十二次，包括十次到江戶、一次在伏見，最後一次止於對馬藩。在日本，他們被稱為朝鮮信使、朝鮮使節或朝鮮來聘使。

通信使的使團由三百至五百人組成。除了最重要的正使、副使和書狀官，合稱「三使」，人數如此龐

2 天龍寺、相國寺等五處禪院。由室町時代以來，成為日本禪林及漢文化的淵藪。五山對今日被稱為「日本傳統文化」的各種文化藝術有深遠影響。

3 以酊庵：規伯玄方及其師景轍玄蘇的寺院，外交上是對馬藩對朝事務的辦公室。

大，是因為朝鮮人還帶着通事（翻譯）、軍官、醫官等人員，以至樂人（樂手）、畫師等人，以期在日本可能發生的各種情況中，宣揚朝鮮國威。譬如在 1624 年的遣使中，朝鮮人在馬上獨立、翻騰等表演，令將軍家光讚賞不已，甚至賞賜白銀、衣服給這些朝鮮的馬上才（馬術名手）。於是，此後朝鮮每次遣使，都挑選精擅騎射的「馬上才」加入使團。

使團由漢陽經陸路到達釜山，乘船到對馬。在對馬加上對馬藩派出的護衛及前文提到的朝鮮修文職，一同經海路到大阪，再走陸路東向江戶。全程由漢陽到江戶點到點計算，耗時約八個月。這是荷蘭商館團江戶參府之外，江戶時代日本人在口岸以外能公開看到外國人的唯一機會。也因此緣故，就像希望學習蘭學的日本人接近荷蘭商館使團一樣，希望接觸朝鮮和漢文化的日本人積極拜訪朝鮮通信使團，通過漢詩文唱和及筆談，與朝鮮人交流。因此朝鮮也特別挑選精通詩文和書法的官員加入使團，以應付日本訪客，好展示朝鮮文明。今天在日本還保留了不少這些日本人留下和朝鮮人唱和的詩文集。從《韓客唱和集》、《善隣風雅》、《桑韓鏘鏗錄》等書名看來，可以想像日朝的知識人，透過漢文這第三方語言所交流的那種特殊而真摯的光景。

除了詩文交流，還有像《東醫寶鑑》等朝鮮方面的技術書籍，透過使團傳入日本。相比之下，由日本傳到朝鮮的似乎較少，較有名的是通信使在對馬島觀察到日本人種植蕃薯，並學到相關的栽培方法。至於技術交流的具體情況，後世日韓雙方似乎頗有分歧。特別是當時朝鮮人自認優越的各種描述，成為日韓兩國直到今天的各種爭論的重點，就是另一個故事了。

主人家的日方則是承擔了使團在日本的所有食宿等開支。除了對馬藩沿途陪同外，通信使所到之處就由各藩分別負責。由於接待朝鮮使節是關乎兩國威信的外交活動，故接待內容非常奢侈。每到一處都有宴會不在話下，連食器都是帶蒔繪[4]的。來討生意的荷蘭商館使團當然比不上，就連來自京都的敕使，都沒有朝鮮人的好招呼。而且沿途的修橋補路，負責引路和警備的人員開支，成為日方沉重的負擔。在後文提到那矛盾重重的1711年遣使，主政的儒官新井白石只保留在大阪、京都、駿府和江戶舉行宴會，其餘各地止於提供食材，以及不提供奢侈食器。於是，硬是把平均每次約一百萬兩的招待費，減少到六十萬兩左右，在日本史上被認為是與上章所提到的《正德新

4 蒔繪：日本獨有的塗金技術。

令》，同是改革幕政的「正德之治」的成果。

通信使不像荷蘭商館團一樣定期來訪，接待的經驗似乎難以很好地傳承，以致每次幕府接待時都有很大壓力。這可以反映在招待通信使的飲食上。不同於今天以牛肉聞名的日本，江戶時代的日本人因宗教等關係幾乎不攝取肉食，而朝鮮人則喜各種肉饌，因此不論是物質上提供肉類，以及調理方法，對日本人都是一大難題。到 1711 年，終於結集了一本《信使通筋覺書》的烹飪手冊，記載如何烹調各種招呼朝鮮人的肉料理。有記載指日方把家畜交給朝鮮人自行處理，日方廚師反而在旁學習宰殺和烹調的技巧。

這種朝鮮出人、幕府出錢的炫耀國力的外交活動，讓雙方都感到難以為繼。到了十九世紀，主要由於日本和朝鮮的財政狀況都在惡化，本來為了祝賀將軍家齊在 1787 年繼任的通信使，延至 1811 年才派遣，而且沒有到達江戶，只在對馬藩交換了國書。這成了最後一次通信使的派遣。到了明治以後，日朝外交則採取了另一形式。

通信使的插曲和背後兩國的立場

通信使的派遣和接待是在日朝雙方都繃緊神經之

下進行的，那就不出意外地出意外了。1711 年的遣使，應是矛盾最多的一次。首先是朝鮮國書上對將軍的稱呼成為問題。「朝鮮國王李（國王名）奉書日本國大君源[5]（將軍名）殿下……」的開首，一貫是朝鮮國書的標準寫法。但到了第六代將軍家宣時，是出於新井白石的主意，國書裏將軍的稱號被要求改為「國王」。白石認為掌握日本國政的將軍和作為半島君主的朝鮮國王，是對等的。那與朝鮮國王打交道的，就應該是「日本國王」。另外，白石認為「大君」是朝鮮「授其臣子之稱號」，擔心使用這名稱會引起朝鮮的輕視。

朝鮮認為「改式以送，於我無損，在彼滿望，順且無事矣」，而順改為「日本國王」。但在交換國書時，朝方看到日方國書中用到「懌」字，沒有避朝鮮中宗李懌之諱，於是拒收，要求幕府修改。白石當即拒絕。在他後來的自傳《折焚柴記》中，提到拒絕的理由是：第一，「五世不諱，古之禮也」；第二，「又子避父諱，臣避君諱，臣子之情有所不忍故也。焉有要求鄰國之君同於其臣子避國諱乎？」即使兩國之君相互避國諱，避七世國諱，亦自古所無。況「己所不

5　德川家自稱系出源氏。

欲，勿施於人」，今觀彼國致我國書，正犯當代將軍祖考（朝鮮的國書用上了三代將軍家光的「光」字）之諱。苟云彼國七世之諱亦迴避，何以繼來犯我祖諱之文書耶？因此「彼使所陳皆屬無禮，我決不代向將軍陳述。」於是日朝雙方就這樣僵持着，甚至有傳聞說朝鮮使節謂如不能滿足朝方要求，則誓不生還本國、干戈且至云云。為此，將軍家宣有命：「如彼國來書先避我國諱，則我覆書亦應避其諱。」[6] 結果，朝鮮也同意修改「光」字，約定日後在對馬藩再換國書，事情才了結。

因着豐臣政權的歷史問題，幕府和朝鮮一開始便缺乏互信。從日本人看來，如果朝鮮沒有明朝援軍早已亡國，以勇武自豪的幕府對朝鮮似乎難有太多尊重。況且幕府早期主要為了恢復與明朝貿易，才想與朝鮮修好。嚴格來說，更是因對馬藩為了本身立場，才積極推進兩國關係正常化。後來，幕府沒有選擇與與滅明而興的清朝建立官式外交，那對朝鮮的外交也變成純粹的睦鄰活動。

而在看來對等的招待活動中，幕府也不忘利用朝鮮人來到的機會，去彰顯自己的權威。1636 年、

6　此引周一良先生的翻譯而略加修改。

1643 年、1655 年三次的通信使，都被邀請到日光。這不是招呼朝鮮人到江戶附近遊山玩水——日光的東照宮是祭祀已被封為神明的家康的神社。聯繫起 1644 年臣服幕府的琉球所派的謝恩使，也同樣被帶到日光參拜，就知道幕府借助外國人的到來，有意無意造成外邦來朝的場景，以鞏固自己的權威。到十九世紀幕府的權威開始衰弱，老中水野忠邦執政時又想利用朝鮮，希望通信使來到大阪交換國書，一來讓西國（日本）的大名直接感受到外國人「因將軍之命來朝」，提高幕府的權威，二來想讓他們因招待而大破慳囊。

這些做法加上當年橫掃朝鮮八道的歷史，從日本人繪畫的《朝鮮通信使來朝圖》、《朝鮮人來朝行列圖》的「來朝」二字，可見朝鮮人是來朝貢的印象，一定程度上為一般江戶日本人所接受。也有意見認為只有朝鮮派遣通信使到江戶，幕府沒有遣使到漢陽，就是朝鮮入貢的證據，則純屬誤解。不讓日使入境，是出於朝鮮不希望日本人再深入國土，了解其底細的國防原因。

而對於朝鮮，他們面對日本的感情更為複雜。雖然德川家康取代了有着血海深仇的豐臣秀吉，但反正都是在戰前一直在文化上所看不起的「倭人」，並無多少好感。從《朝鮮王朝實錄》裏國王與朝臣對於遣使相關的討論，以及使者的私人紀錄，都隨處可見當時朝鮮對日本的鄙視。就連出使的名義，也強調是要「回答」先由日本提出（由對馬藩偽造）的國書：就像吵架的怨偶，都想等對方先開聲再和好。面對戰勝他們的日本武士，出使的朝鮮人挽回尊嚴的方法，是努力展示他們所熟悉、而又在一定程度上日本人也認為是高尚的漢文化，要在日本人面前維繫他們所自認為的文化上的優越感——小中華的朝鮮，絕不可在日本這些蠻夷面前落了下風。國書事件中答應改掉「光」字的正使趙泰億，回國後被朝廷嚴加詰問，同僚交章譴責他向日本讓步，實罪無可恕云云。走筆至此，2023 年 3 月 17 日正是韓國總統訪問日本之時。筆者看到有韓國報紙痛斥總統在未解決歷史問題前對日本示好之舉，不禁想到日韓之間感情的複雜，四百年後依然如此。

今天，不少當年通信使經過的日本市鎮，仍然舉辦模仿當時朝鮮通信使隊伍的巡遊，對馬尤為熱心。通信使在今天兩國民眾之間，作為兩國親善的經歷被津津樂道的同時，在歷史上情況則遠為複雜。十二次的通信使，特別是首三次回答兼刷還使以後，其實都有着雙方在政治、外交、文化各個層面上或明或暗的爭雄。

再看所謂「鎖國」

以上檢討了幕府與朝鮮的官式外交，再加上上章所討論的在長崎與荷蘭人準外交的商貿關係，介紹了日本在江戶時代外交情況的大概。限於篇幅，在松前（今北海道南端）與愛努人和在通過薩摩藩與琉球的來往，雖然也有很多值得分享之處，只能割愛。

讓我們再回到所謂鎖國的說法。

今天指幕府鎖國，主要歸納為以下數點，即從寬永時代（1624-1645）起，通過數次的頒令，禁止日本人出國，禁止基督宗教，只保留與朝鮮和琉球的外交關係，除與清荷商人貿易外，禁止其他外國人前往日本，而造成的狀態。

這的確與今天各國人民在取得簽證後，得以自由往來的情況相比，大為封閉。但從上一章以及本章至今的介紹，我們已可知江戶日本並不是完全鎖起國門、孤立於世界的，故「鎖國」一詞並不能只從字面上理解。

就說幕府上述的做法，對比當時鄰居清朝的政策，似乎也沒有太大分別。1735 至 1796 年間，清朝開始限制商人到南洋經商，每三年必須回本籍登記，逾期則不許回國；清朝與羅馬教廷發生關於天主教徒能否祭祖、祭孔的禮儀之爭，到 1723 至 1735 年間終於禁止傳教。為免洋人深入內地，限制他們只能在在四海關中的粵海關（廣州）交易、而不許進入廣州城的這種被後世稱為「一口通商」的做法，就如同幕府限制清荷商人在長崎出島和唐人屋敷一樣。不過，長崎只招待兩個國家，而廣州的十三行則遠為熱鬧。在應對來自海上而來的潛在威脅，日中兩國在十七至十九世紀的做法驚人地相似，可以說是當時東亞的通例。

其中長崎一口通商的做法，除了之前交代出於禁教的原因，更有江戶幕府成立的特殊背景。直到江戶初期，幕府未能獨佔日本的對外貿易，各藩特別是西日本的大名，很多都有與葡萄牙和西班牙的關係，積極的如仙台藩的伊達政宗，甚至利用自己面向太平洋的一面另闢蹊徑，遣使穿過新西班牙（今墨西哥）到達西班牙，並在羅馬謁見了教皇。這些絕非幕府所樂見的。因此以禁教為契機，將文化和經濟上尾大不掉的西葡勢力趕出日本，同時斷了恃着外貿利益而心懷不軌的西國大名的利益。荷蘭人則如上章所提到，選擇了經商而非傳教，於是與幕府一拍即合。通商口岸也由各藩的港口統一在長崎，由幕府直轄，從而壟斷了對洋人的貿易以及關係。這樣鎖國的完成，提升了幕府的權威。

由這個角度看鎖國，也許更能理解為何幕府不許外國人來日，仍要荷蘭人帶來《阿蘭陀風說書》，也向來長崎華商查詢海外情況，編成《唐船風說書》。幕府並不是對世界毫不關心，只是在獨佔外交和對外貿易，將各藩排除出外的同時，加上要從人口往來上斷絕基督宗教的傳入，故犧牲了日本商人外貿的財路，戰國武士在東南亞諸國當傭兵的發跡之路，以及現代人所重視的出入境自由。

可能對一些讀者有點意外，「鎖國」二字並非現代產物，而是來自前述曾經隨荷蘭商館長江戶參府的醫生 Engelbert Kaempfer 的《日本誌》。在 Kaempfer 死後約一百年的 1810 年，荷語翻譯、也是蘭學家的志築忠雄把《日本誌》中「關於在今日日本關閉其國，不允許其民在國內或國外貿易之事，是否符合其國利益」一章翻譯出來。內容固然批評到在日本貿易的不自由之處，但這位來自貿易基本自由的歐洲醫生，也提及這個貿易不自由的國度，有像秩序井然等可稱之處，於是提出這樣的思考課題。

Kaempfer 這篇沒有結論的文章，被志築加了標題稱為「鎖國論」、「日本是鎖國的」這樣的說法，由是而生。之前在日本人的論述中，並無「鎖國」一詞。由十九世紀初起，面對洋人要求增開長崎以外的港口，建立領事館等「開國」要求時，幕府官員調動歷史記憶，就將一直以來限制出入境的相關做法稱為「祖法」。到後文所述 1825 年，幕府因沿岸出現的各國船隻日多而發佈《外國船驅逐令》。在這個背景下，水戶藩學者會澤安在所著政論《新論》裏，就將江戶開府以來的外交政策描述為「海禁」，正畫龍點睛地指出幕府在應對海外挑戰上，與明清兩代禁止因私人原因（經商等）出海的做法相似。再說一點較為深奧的政治學觀念，就是幕府發揮儒家政治哲學中「人臣無外交」[7] 的觀念，壟斷與外國交通的渠道（和資源），在模仿中國朝朝貢體系之下，自居為文明先進的「華」，主動選擇哪一外國（夷）能與之通交，而建立出來的日本式的華夷秩序。

將「鎖國」一詞「發揚光大」，用來形容江戶時代的，是在明治時代。學者研究指在江戶時代中後期才出現的「鎖國」，到了明治時代，開始被用來作為指斥前朝的幕府在應對西洋挑戰時的進退失據的概括性罪名。正因為「鎖國」的言過其實，容易引起江戶時代是絕對封閉、孤立的形象，近年日本的教科書也

7　語出《禮記 · 郊特牲》。

開始轉用「海禁」或「出入國管制」等字眼。

說到這裏，讀者各位也許自然有此一問：就是退一步承認十七至十九世紀初東亞的兩個國家同樣「鎖國」，那為何「開國」後的發展，卻大不相同？

十八世紀中葉起，雖然背景各異，但主要在工業革命和殖民擴張的背景下，歐洲各國不論官商，對開拓亞洲市場和資源的能力和興趣大增。在「鎖國」（或海禁）後最早與日本接觸、以至衝突的西方國家，不是在鴉片戰爭讓「我大清」焦頭爛額的英國，也不是日後真的叩開了日本國門的美國，而是俄羅斯。

由於南下發展受阻於《尼布楚條約》，俄羅斯在遠東開始向白令海峽及堪察加半島擴張。在彼得大帝時代已逐漸征服千島群島周圍不少島嶼，也從漂流民和列島上零散的日本人據點，開始接觸到日本人。1792年，女皇葉卡捷琳娜二世想與日本建交，以送還日本漂流民大黑屋光太夫為由，派海軍中尉拉克斯曼（Adam Laxman）來到今日北海道最東端的根室灣。老中首座松平定信接到松前藩所轉交的俄羅斯國書後，命各藩強化海防的同時，用緩兵之計，指示松前藩讓俄羅斯使團到長崎，指那是日本唯一的通商口岸。拉克斯曼當然知道幕府在耍他，但也無可奈何，只有先行回國。

到 1798 年，幕府發現松前藩長期隱瞞俄羅斯南下之事，於是直接派人北上勘察。登上擇捉島（日俄有主權爭議的北方四島中距北海道次近者）的幕府欽差，赫然發現了俄羅斯人樹立作為領土標記的十字架，遂將之換為「大日本惠登呂府」的標誌。擇捉和惠登呂府都是土語地名 Etorofu 的音譯。1800 年，又命伊能忠敬測繪日本全圖。在其故去後方完成的《大日本沿海輿地全圖》使用了西方技術，據說精確度不輸於當時的西方地圖。

1804 年，俄美公司[8]的創辦人之一、參加過俄羅斯首次環球航行的列紮諾夫（Nikolai Petrovich Rezanov）帶着國書、又以送還日本漂流民的名義來到日本，且直達長崎。但在列紮諾夫在長崎逗留了半年多，而且是在船上兩個多月後才被允許進入出島，與荷蘭人同居後，幕府卻最終回覆謂：日本與清朝、朝鮮、琉球、荷蘭通交，本來就不是為了通商之利，只不過歷來有來往的歷史（才繼續來往），所以對與俄羅斯貿易的事沒有興趣，而讓列紮諾夫回去。

列紮諾夫收到回覆時有沒有衝口而出一句 blyat，不得而知。在回到堪察加半島的據點後，他上書沙

---

8 俄美：指俄屬美洲，即今阿拉斯加。該公司主要在當地從事毛皮生意。

皇，表示只能使用武力使日本開關。1806 年、1807 年，列紮諾夫部下弗沃斯托夫（Nikolai Khvostov）等先後襲擊了樺太（庫頁島）和擇捉島的日本人和愛努人據點。幕府即把松前藩劃歸幕府直轄地，並調動南部、津輕、秋田、莊內等東北各藩武士三千人入今北海道。同時加強收集情報，探險家間宮林藏受僱到樺太、遠東勘擦，在 1809 年發現樺太是島嶼，並著成《東韃紀行》記錄所聞。其間因拿破崙對俄羅斯的攻勢，使後者專注於歐洲而暫時放鬆在遠東的經略，最終俄軍和武士沒有接觸。

日本史上稱之前的襲擊為「文化露寇」[9]。之前提到為了慶祝將軍家齊在 1787 年繼位的朝鮮通信使，在 1811 年終於成行，卻止於對馬藩，其中一個原因是幕府在「文化露寇」後，擴說俄鮮可能聯手，怕通信使團的「俄方間諜」深入日本云云。——五百多年前蒙古人通過朝鮮半島入侵日本的歷史，對江戶中晚期的日本人記憶猶新。

1811 年，俄羅斯海軍上校戈洛寧（Vasiliy Golovnin）在國後島（北方四島中距北海道最近者）尋求補給時被日本人誘捕。俄方於是也捉拿了在箱

9 時在文化年間（1804–1818），「露」是俄羅斯在日語中的漢字簡稱。

館（今函館）擁有漁場和經營航運的商人高田屋嘉兵衛，後者則為公為私、努力調停雙方。幕府在嘉兵衛被捕後，為免擴大與俄羅斯的衝突，表示只要俄方證明「文化露寇」中弗沃斯托夫的襲擊，並非出於沙皇的命令，就釋放戈洛寧。最後經過一番交涉，在1813年，戈洛寧和嘉兵衛都分別獲釋。

就在與俄羅斯在北境有着紛爭的同時，長崎也出事了。

1808年10月14日，英船輝騰號（Phaeton）為追捕服從拿破崙的蘭船，懸荷蘭旗偽作蘭船入長崎港，俘虜前來接應的兩名商館職員為質，並以擊毀港內日本船為要脅，要求補給。之前提過賣書救國的商館長Hendrik Doeff離開出島到長崎奉行所避難，並請日方確保人質安全。負責港內兵備的佐賀藩應有兵千名在港，但以承平日久，為削減軍費，所以當時所駐不滿百人，且炮台廢毀。鑑於彼有人質、我無實力，不敢也不能反抗的長崎奉行松平康英，在逐少提供補給拖住英國人的同時，飛檄九州諸藩求救。17日凌晨，附近大村藩主大村純昌督兵先至。但在他和松平康英商討行動時，輝騰號已得到補給，在釋放最後一名商館職員後起錨離開。從結果來看，日荷雙方都沒有人員和船隻損失，頂多就是給了英國人一些物資，破財擋災。但感到自己在炮口下答應敵人要求、損害了幕府權威的松平康英，當晚就引咎切腹，後來佐賀藩家老等數人，也因擅減駐軍而切腹負責，是為輝騰號事件。

事後，幕府加強英語學習等對荷蘭以外的西洋情報蒐集，同時加強海防。到 1825 年，對於因鯨油需要而出現在日本沿岸的外國捕鯨船越來越多，堅持「鎖國」的幕府不勝其煩，遂頒佈《外國船驅逐令》。這命令的日文原名可謂相當「霸氣」:《無二念打拂令》，意思是發現外國船隻不作他想，先打再說。

幕府對外國船隻的神經質，有着內政不穩的背景。

幕府在初年起即有慢性財困。家康開府時壟斷了金銀礦山和長崎貿易，是幕府的兩大財源。但開府將近百年，金銀也都近於採盡；長崎貿易方面，太平的社會大量進口奢侈品，反而做成貿易入超、金銀流出。如此下去，與所有使用貴金屬作為貨幣本位的經濟一樣，會出現通貨緊縮，然後是經濟蕭條。

日本整體的經濟情況如此。對於幕府自身而言，金銀減少導致入不敷支的情況在五代將軍綱吉時開始浮現。負責財政的勘定奉行荻原重秀的解決辦法，是回收貨幣，改鑄時減低金銀成色，來增加貨幣供應。

官府「放水」，當然刺激了經濟的發展。元祿時代（1688-1704）經濟以至文化的繁榮，得力於此。重秀洋洋得意說道：「通貨此物，賴政府信用而暢行矣。苟信用立，則何必鑄金？雖瓦土可為錢幣也！」「苟信用立，⋯⋯雖瓦土可為錢幣」的想法，居然與現代法幣（fiat money）的概念暗合。

但「信用立」是很困難的，元明兩代濫發紙鈔，以至後來明朝的大明寶鈔根本不通行，就殷鑑不遠。重秀沒有像現代的央行行長根據國內生產總值來調控銀根那樣，按實際的經濟增長（譬如大米的生產率）來調整鑄幣成色或數量，只是通過貨幣貶值來增加幕府收入，實際上是掠奪了社會財富（透過支付較少的金銀，來獲取與之前同等的貨物和服務）。但這巧取而來的財富，卻在綱吉之世因元祿、寶永地震的災後重建，綱吉和其生母桂昌院的奢侈浪費而消耗殆盡。在綱吉之後家宣和家繼兩任短命將軍的時代，主政的新井白石不得不努力改革幕政。前文提過限制外貿額度的《正德新令》、縮減朝鮮通信使招待費用等財政相關內容，一再被後世稱道，就可知當時幕府財政危機之深重。

1716 年家繼死，紀州家的吉宗入繼大統。他雖然與白石不合（後者在他繼位後下台），但與後者同樣採節儉政策。吉宗平抑米價之事在前章已經提過，在人事上則定足高制，向世祿低者在任高職時發給津貼，離職後取消，以節約世祿的經常開支，又能獎勵人才；在位時又多次發儉約令，限制武士和平民的娛樂和奢侈風氣。而且財政之外大膽改革，1719 年設立了名為御庭番的密探，1721 年又設專責民事訴訟的公事方和目安箱（意見箱），許庶民投告意見。到 1742 年《公事方御定書》編成，明定罪行及其相應懲罰，幕府有了首部法典。這些行政和司法改革加強了幕府的權威及行政效率。這些措施在後世按年號稱為享保改革，大大挽救了幕府的危機，吉宗也因此被認為是中興了幕府的將軍。

又過了約五十年，到了吉宗之孫家治及其子家齊在位的天明年間（1781-1789）發生饑荒。西日本的災情在 1782 年出現，幸在天明的前半左右就結束了，但東日本則不然。津輕（今青森縣）在安永年間（1772–1781）末期就已數次歉收。在 1783 年夏天，津輕的八戶地區遭受風災，稻田無收，敲響了饑荒的喪鐘。同年淺間山火山噴發的火山灰，對北關東和信濃地區（今長野縣）造成了極大的損害。降雨不足、低溫、霜害等帶來「（開闢日本的）神武（天皇）以來最大的歉收」，變成了饑荒。如在 1783 年 9 月至

1784年6月期間，本州北端面向太平洋的八戶藩的六萬五千人中，三萬人以上死於飢餓和疾病，甚至傳聞人相食。這場被稱為江戶時代三大饑荒之一的天明饑荒，所造成的社會動盪後來蔓延到都市，三都、以至西至長崎的很多都市，一有商人囤積居奇的傳聞，下層市民就對之打砸搶燒，史稱天明打毀（破壞）。

為了平息民怨，以及扭轉在饑荒之前就出現的農村崩潰（農民棄耕、改到城市謀生），幕府在老中首座松平定信主持下，改革幕政。在就任老中首座當年的自畫像中、自題「撥亂而反正，賞善而罰惡」的定信是吉宗之孫（後來過繼白河藩松平家），改革幕政上也模仿乃祖，力主儉樸，特別着力恢復農村。幕府一方面向農民提供購買農具和種子的貸款，又鼓勵農民返鄉務農，給願歸者路費和農具；為應對饑荒，各地都建起了米倉。定信要控制的還有社會風氣。他打擊奢侈風俗，加強取締「低俗」出版品，又頒「異學之禁」，及三年一度的「學問吟味」[10]之制。

定信這些政策被後世按年號稱為寬政改革。客觀上除復興農村成效有限外，幕府歲入轉虧為盈，可謂

10 學問吟味：旗本和御家人的子弟通過有關朱子學理論的考試，會得到獎賞，以獎勵「正學」，並有培養武士忠於幕府之意。類似於中國的科舉，而成績優劣與實際授官無關。

有其成果。但在 1793 年，定信卻突然被免去老中職務。一般認為是定信為否決朝廷提議為光格天皇生父典仁親王加上太上天皇的稱號，令幕府與朝廷關係大為惡化一事負責。但後世認為更可能是武士階層、甚至連將軍家齊，都不滿這名在自傳《宇下人言》中，自言「交合只求延嗣，於女色絕無慾望」的嚴格老中所厲行的撙節政策，而罷之。因定信下台而人去政息的，還有包括新造炮台、委託荷蘭人建造西式軍艦等加強海防的措施。而十五年後，就發生了輝騰號事件。

在洋人再來之前打擾了幕府「好日子」的，還是饑荒。由 1833 至 1837 年間，被後世稱為天保饑荒的災禍，始於 1833 年春天到夏天寒冷。這使除了西日本外各地都嚴重歉收，於是上次天明饑荒時的災區東北和北關東，又出現饑荒。在幕府和各藩的救濟下，餓殍和病者仍然不少。1834、1835 連接兩年的夏天，天氣相對穩定，但之前因死病所致的人口減員，令勞動力短缺，生產沒有恢復。到了 1836 年，天寒、歉收、米貴的事又出現。在各地不論城、鄉中，打砸事件繼續發生。特別是在甲斐和三河（分別在今山梨縣和靜岡縣）等地的騷動規模尤大。世道如此，連武士階層中也出現追求「世直し」（改變）的呼聲，其中更有用生命付諸行動的、發生於1837 年的大鹽平八郎之亂。

大鹽平八郎字中齋。由於父親早逝，他繼承了祖父大阪町奉行所中與力（中級幕吏）的職位。從十三四歲起在町奉行所工作的大鹽，曾查獲當時已絕少發現的隱藏基督徒、懲罰奸吏和破戒僧等，本來是「做好呢份工」的公務員。但在三十八歲，隨着自己敬重的上司轉職江戶，他也離開了奉行所，專心在之前創辦的家塾洗心洞講學和寫作。大鹽信奉主張「致良知」的陽明學，而基本上通過自學明朝呂坤的《呻吟語》等書而得。作為儒者，他著有《洗心洞劄記》兩卷，批駁了明末清初以來中國儒者對陽明學的攻擊，又有《增補孝經匯注》一卷、《古本大學刮目》八卷等著作，可謂幕末儒林中最為獨立者。其門徒包括大阪町奉行所的同僚，以及附近農村的豪農。

作為昔日官吏、今天學者的大鹽，即使在天保饑荒，也輪不到他餓死。讓他從學者變成「反賊」的，不是饑餓，而是他自己的良知。

1836 年，在持續數年的饑荒下，連號稱「天下的廚房」（天下の台所）的大阪市面都出現了餓死人的情況。陽明學講「萬物一體之仁」，指人應能感通他人的痛苦。看到饑民在街上喘息的大鹽，無法坐視不理。他向町奉行跡部良弼建議發倉米救濟和禁止囤米，不得要領。他又用自己和門人的俸祿作擔保，向豪商三井家、鴻池家借錢賑災，又被拒。散盡了藏書（據說達五萬冊）自行賑災（一說是為了後來起事）的大鹽終於發現，將這些饑民置諸死地的，未必是天災帶來的歉收，而是幕府和特權商人見死不救的冷眼。

第二年，他傳檄攝津、河內、和泉（俱今大阪府）、播磨（今兵庫縣）農民，約定起事。3 月 25 日，大鹽知道已有叛徒告密，遂自焚其宅，舉旗大書「救民」二字，與門人及響應者約百人（一說三百人）起事。雖然搶到了一些富商的囤米分與貧民，但烏合的起事者僅一天便被鎮壓。大鹽與養子格之助輾轉躲藏在大阪市區，等待之前送往江戶的陳情書的結果。他們到死都不知道，陳情書被想偷貴重物品的郵差發現只是信件後，棄於途中的箱根。最終於 5 月 1 日被幕府發現包圍時，兩人燃火藥自盡。

大鹽的檄文在幕府的嚴格取締下，輾轉流傳開去。數月後在幕府直轄的新潟柏崎，國學家生田萬舉「奉天命誅國賊」六字旗號起事，同樣襲擊幕府的官署與米商（生田萬之亂），事敗闔家自殺。起事時自稱「大鹽門弟」的生田應該沒有見過大鹽，但幕府肯定感受到大鹽造反的號召力。不同於一直停留於聚眾遊行、「小打小鬧」的百姓一揆（農村運動），大鹽以前幕吏身份在幕府直轄的大阪起事，檄文有要求寬政是食的明確政治訴求，針對的是官府和御用商人。武士中再遲鈍的人，都會發覺幕府統治有問題。

1837 年註定是幕府的多事之秋。7 月 30 日，美國商船莫禮遜號（Morrison）載着七名日本漂流民抵達江戶灣的門戶浦賀（今神奈川縣橫須賀市）。莫禮遜號在澳門時，船長查理斯（Charles W. King）發現當地有一些因海難輾轉來到澳門的日本人。查理斯與之前的俄使異曲同工，想以送還漂流民為由，到日本洽談通商之事。莫禮遜號上還有後來官至美國駐華公使館代辦、耶魯大學漢學教授的傳教士衛三畏（Samual Williams），打算到日本傳教。不知是因為不熟日本情況、還是被澳門的葡萄牙人誤導，他們繞過了長崎，直達今天駐日美軍及海上自衛隊駐地的浦賀。嚇壞了的武士認真地執行《無二念打拂令》，炮擊了莫禮遜號，但損傷甚微。查理斯想來總有可以溝通的日本港口，回頭駛到今鹿兒島附近，又被薩摩藩炮擊。於是返回澳門，史稱莫禮遜號事件。

這本來是一件擊退外國船的「喜事」，但要記住，這是大鹽之亂當年的 1837 年。其實即使幕府宣佈「鹽賊」已畏罪自殺後，民間一直風傳大鹽未死。今次荷蘭以外的其他洋人，越過長崎直抵江戶門外的消息，被好事者炒作為大鹽請得外國兵來報怨。令謠言越描越黑的是，幕府結束了歷時一年多的調查、宣佈結案時，為儆效尤，對之前用鹽醃起的大鹽等起事者的遺體公開戮屍。但大鹽和格之助父子因用火藥自殺，屍體早已是模糊難辨，在民眾眼裏看來，卻是此地無銀：怎麼知道死者是大鹽還是小鹽？這更助長了大鹽未死之說。

而關於莫禮遜號，在明年荷蘭人的情報中，也提到其只是為了送還漂流民，並不如俄羅斯人那樣有動武的企圖。幕府內部開始有調整對待外國船方針的聲音，而這種態度的轉變流出民間後，包括高野長英、渡邊華山等蘭學家，開始批評幕府一味排外的政策。氣急敗壞的幕府對付不了洋人，要自己人收聲還是綽綽有餘。結果，高野等人被捕，稱為蠻社之獄。

就這樣，幕府帶着脆弱的神經，在財政匱乏、兵備廢馳下，迎接越來越暴力的民變和不知何時和何處出現的洋人。

驚破太平上喜撰

1841 年，荷蘭人所帶來上次輝騰號所屬的英夷，居然打敗了清朝的消息，無疑震撼了幕府，使其改變了內外的政策。內政上，老中水野忠邦嘗試了幕府最後的改革，後世按年號稱為天保改革。口號是回復「享保、寬政之政」，重彈節約的老調不在話下，在與前兩次改革同樣有促進農業生產、復興農村外，又加上解散行業商會，強制商品明碼標價、方便市場流通等措施。總括來說，本身私生活也節約檢點的水野，並不像他親弟跡部良弼那樣，也確實想改革政治，但當緊縮措施還是因觸及既得利益時，水野本人被批評為「人面獸心、古今第一壞蛋」的時候，他也知道自己無力回天。

倒是對外方面，幕府終於知道洋人惹不起。於是在中英《南京條約》簽訂的 1842 年，取消了《無二念打拂令》，改為頒佈《薪水給與令》，容許給予求助的外國船補給。1844 年，法國軍艦 L'Alcmène 號來到琉球，並留下一名傳教士。同年荷蘭商館送來國王威廉二世（Willem II）的國書，勸告日本開放貿易，但幕府仍以「祖法」拒絕。

之後還有零星的西洋船來到日本。限於篇幅，讓我們跳到 1853 年日本的開國。

到十九世紀中葉為止，美國船來到亞洲的路線，主要是由東岸出發，穿越大西洋、印度洋、南海，到達中國的廣州等港口。但於 1848 年獲得加州後，使美國成為一個太平洋國家，發展與清朝的巨額貿易，成為國家目標。從美國西岸到中國的最短路線，是從西岸向北，沿阿留申群島和千島群島向南，通過津輕海峽和對馬海峽到上海附近。在地理上，日本遂成為美國船前往清朝的一個重要的中轉站。

而在經濟生產上，隨着工業革命的發展，歐美的工廠和辦公室開始運作到深夜，主要來自抹香鯨的鯨油被用來潤滑機器和照明。為滿足這一需求，西方國家在世界各大洋積極捕鯨。日本的伊豆和小笠原群島周邊海域，以及堪察加半島東部是良好的漁場，美國的捕鯨船通常會進行持續一年以上的航行。當時的捕鯨船在船上提取鯨油，需要大量的薪、水，以及長期航行的食物，故需在太平洋地區建立補給基地。此外，還有對應海難的問題。救助落難者是美國海軍當時的任務之一。特別是 1849 年，美國海軍中尉 James Glynn 到長崎接回遇難的美國捕鯨船員時，發現船員在日本受到虐待，認為需要與日本締結條約，保障遇難船員。

除了這些經濟利益，更不必說美國如能在日本落腳，則可擴大其在太平洋地區的影響力，以抗衡歐洲國家特別是英、法、俄日益增長的力量。基於這樣的政治和戰略考慮，美國總統米勒 · 菲摩亞（Millard

Fillmore）在 1852 年命海軍准將馬修．培理（Matthew C. Perry），帶同自己的親筆信前往日本。從書信的原文看來，他主要希望與日本就自由貿易、及前述日本港口為美船提供補給和應對海難等事協商，甚至表示自由貿易之事，日本可試行五到十年再算，總的來說語氣溫和謙遜。但作為軍人的培理卻另有打算。

出身海軍世家的培理參加過第二次獨立戰爭，在地中海和北非服役後，又在美墨戰爭中立功。他出發前詳細研究過這次任務，得出以下結論：第一、任務成功需要四艘戰艦、其中三艘為大型蒸汽戰艦；第二，日本人可能聽說過當時相當嶄新的蒸汽艦，但有必要讓他們親眼看到，以認識一個現代國家的軍事力量。第三，與中國人一樣，日本人吃硬不吃軟；第四、為免荷蘭人干涉，避免在長崎談判。事後證明培理不止是傑出的海軍將領，且是熟練的外交家，這些打算確有其道理。

1852 年 11 月，培理作成為美國海軍東印度分隊總司令，從維珍尼亞州的諾福克（Norfolk）出發，以密西西比號（Mississippi）護衛艦為旗艦，途經開普敦、星加坡、香港（在港時帶同傳教士衛三畏作為漢文翻譯）、上海（出發的時候是以密西西比號為旗艦，到上海時將旗艦改為 Susquehanna 號），翌年 5 月 17

日抵達琉球。美軍登陸後在岸邊演習，然後行軍到首里城外，要求入城。琉方表示不能操兵入城，於是培理就與數名沒有武器的軍官入城。琉球國王尚泰用茶果招待他們，培理遞交專門給琉球籲請通交的國書。尚泰王收下國書後，又設宴招待培理一行。培理為表感謝，請琉球的高官回訪 Susquehanna 號，用法國菜招待他們，云云。

幕府早就收到荷蘭商館的情報，指美國會有艦隊來日。但由於之前也提到代港督寶寧（Sir John Bowring）來日一事不實，幕府連帶輕視了這次通報。到培理離開琉球，才通過控制琉球的薩摩藩知道美國人真的來了。而培理的艦隊在經過對小笠原群島的勘探後，在 1853 年 7 月 8 日 17 時左右出現在浦賀海面。

美軍四艦漆上防水的瀝青，巨大而呈黑色，故這次美軍來臨被日本人稱為「黑船來航」。面對高大如山的船身、高聳噴氣的煙囪，日本人的感受可想而知。培理還讓各船炮口打開，讓在浦賀的兵民看到大炮。岸上各處火炮據說也達六十口，但不僅少於培理四船的七十三口、且多數銹不堪戰，更不必說與西方火炮之間的威力差異。

這樣，浦賀當地的官員硬着頭皮，請他們離開或到長崎商討。培理一口拒絕，表示如沒有足夠高級的日方官員接收總統親筆信，美軍將登陸到江戶自行向將軍呈交。當此事飛報江戶的同時，美軍測量了浦賀。測量船在密西西比號的護衛下，逼近江戶至約二十公里；又以美國國慶禮炮、發信號炮等理由，在通告日方後鳴放空炮。有實力的人不需要喊打喊殺，但總是巧妙地讓對方知道自己的實力，培理即如此。

當時將軍家慶已臥病在床，老中首座阿部正弘對培理的要求不能即決，遂讓浦賀當局先收下國書。7月14日，美軍被許在浦賀附近的久里濱登陸。由於日美雙方都沒有能說對方語言的人，於是雙方就各自通過自己的荷語翻譯溝通。培理把總統親筆信、他作為艦隊司令的信件與外交備忘錄，交給浦賀奉行。日方表示將軍生病，對美方的要求不能即決，培理則答以一年後再來。17日艦隊離開。據說離開時美方交兩旗予幕府、一為白旗，告幕府謂若戰則必敗、到時可執此相見，但日本史家認為此說可疑。當時流行一首狂歌（以諧謔為主的日語短歌），意云「上喜撰醒太平夢，四杯足使再無眠」。其中的上喜撰（jokisen），表面指上等的喜撰茶，其實是日語中蒸汽船（jokisen）的諧音：積極倡導海軍現代化、被後世稱為蒸汽動力海軍之父（Father of the Steam Navy）的培理，就這樣用了四首蒸汽船，驚破了江戶幕府二百年的太平夢。

筆者沒有查到臥病的將軍家慶把握到多少情況，他在培理離開後十日病逝的結局，肯定就讓幕府在決策上雪上加霜。繼位的將軍家定自小病弱，有着被後世形容為腦麻痹的症狀，根本不能理事。阿部正弘雖然馬上在江戶灣增築十一個炮台作為防線，其中六個完工，而直到江戶時代結束都未曾對敵；同時向荷蘭人訂購新式軍艦，幕府自己亦在浦賀的造船廠試造，又許各藩建造軍艦。但培理又給幕府一個 surprise。

1854 年 2 月 11 日，Southampton 號出現在浦賀。美軍一年未到即來，是因為培理考慮到英俄在東亞都蠢蠢欲動，俄國艦隊甚至在培理離開後的一個月就到過長崎，認為遲則生變。到 13 日，包括 Susquehanna 號，又多六艘艦來到，19 日增至九艘艦。當日浦賀奉行與美方接觸，後者則要求在更接近江戶的地方會談，最後選定在當時稱為神奈川的橫濱。3 月 8 日，培理並各級將校，合美軍四百多人登陸。懂得寬猛相濟的培理了解到日本人今次沒有抵抗的意志和實力後，再沒有使用威嚇手段，也在接受日方（除了沒有肉食的）盛大招待後，向幕府贈送包括一比四大的蒸汽火車模型、電報機、相機、槍械、望遠鏡、洋酒等一百四十種禮物示好。幕府又回以紡織品、陶瓷器、刀劍、大米、雞隻等。幕府選拔了相撲力士運米，並向美軍表演相撲。其中一名力士放倒了三名興沖沖前來挑戰的美軍，可以想像日本人的興奮。

五十五歲的大學頭、林家的林復齋則是幕府的談判代表，往來於橫濱與江戶。詳細的談判過程恐怕會悶到讀者各位。總之，到了 31 日，雙方終於達成正式名稱為《日美和親條約》的協定，因簽訂地在今神奈川，又稱為《神奈川條約》，共十二條，用日、英、荷文寫成，內容強調日美友好，幕府承諾年前菲摩亞總統所請求的通商、向美國船提及補給、救助海難等項。其中列明開放下田（今靜岡縣）和箱館南北兩港，美方並可在條約簽訂的十八個月後在下田開設領事館，又享有最惠國待遇。美軍在 6 月 28 日離開日本。培理在回程路上，又與琉球簽訂了《琉美修好條約》，又稱為《那霸條約》。第三代將軍家光以來二百多年的「鎖國」或海禁，到此結束。史家通常以培理第一次到來的 1853 年起，作為幕府時代末期，簡稱幕末。

培理之行是日美兩國各自歷史以及日美外交史上重要的轉捩點。有着稍後介紹攘夷情緒的幕末明治日本人，培理無疑是令人害怕和憎恨的對手。1945 年 9 月 2 日，日本在密蘇里號軍艦上的投降儀式中，美方更特意帶來在當年 Susquehanna 號懸掛的星條旗，去警示日本人。

但從他打開的日本國門，因洋人的來臨和日本人自行帶回的西方精神和物質文明，則使後來被統稱為明治維新的一系列全方位改革變得可能。到十九世紀末，特別在打敗清朝後，日本成為亞洲首強。那時日本人回想到這段歷史，可說是五味雜陳。本書插圖中題上培理登陸紀念碑文的伊藤博文，年輕時是仇視外人的小憤青，日後卻成為西式《大日本帝國憲法》下的首任內閣總理大臣（首相）。

此一時也，彼亦一時也。

尊王與攘夷

由《日美和親條約》簽訂到1868幕府結束的約十五年間，與很多朝代的末世一樣，日本人和在日外國人，都經歷了一段混亂、而且腥風血雨的日子。

在培理第一次離開後，被灌了四杯上喜撰的老中阿部正弘失去了自信，公開向各大名以至庶民徵求應對美國要求開國的意見。沒有親眼看過蒸汽軍艦的藩主中，很多只是在叫嚷堅決抵抗還算事小，但喚醒了各藩以至平民參與國政的想法，這就從精神上動搖了幕府的權威：有權利就有義務。幕府既然無法在洋人面前維護日本的權威，那就自然產生出對幕府執政合法性的質疑。

困擾幕府的不止洋人和諸藩這些「外」患，還有內憂、名符其實的內部矛盾：將軍的繼嗣問題。由於前面所述將軍家定無法理事、又體弱無子，故在期待下任將軍上，幕府內部有打算擁立過繼到一橋家的水戶藩主德川齊昭的七子、以英明著稱的一橋慶喜，希望與各藩合作的一橋派；以及與今將軍血統上較為親近的紀州藩主德川慶福，政治上較為保守，要捍衛幕府權威的南紀派。

在這背景下折騰了數年，美國人又來了。

1857 年 12 月 7 日，美國首任駐日公使哈里斯（Townsend Harris）在江戶城謁見將軍家定，遞交國書。哈里斯強調既已建交，就應進一步締結通商條約。老中首座堀田正睦大概認為茲事體大，想藉天皇的權威塞住反對通商之議。於是親自到京都請求敕許條約。但孝明天皇表示日美建交，為船隻提供補給，是對外夷的恩惠，但在平等的條約下與外夷貿易，則是侮辱神國日本，遂拒不降敕，堀田無功而還。幕府認為與美國簽約勢在必行，且得不到敕許就不做，反而有損幕府的權威。於是在 1858 年仍與美國簽訂《日美修好通商條約》，主要內容包括容許外國公使駐江戶，領事駐開港地，開橫濱（改自《日美和親條約》的下田）、長崎、新潟、兵庫（今神戶）、箱館，片面最惠國待遇，領事裁判權，關稅協定，設立外國人居留地（租界）等。加上同年與荷、俄、英、法也相繼簽訂類似條約，這五約在後世按年號合稱《安政五國條約》。

因為有着片面最惠國待遇、領事裁判權等內容，在今天日本史的教科書裏，也稱此五約為不平等條約。但這只是明治以後學習了西方概念的日本人猛然醒悟的理解，在當時並不必然覺得吃虧。有興趣的讀者可以對比西曆同年 6 月間清朝與各國一口氣簽訂的《天津條約》，就可見《安政五國條約》其實並沒有那麼「喪權辱國」，甚至不能隨意進入日本內地一項，就勝於《天津條約》容許洋人進入長江。

但簽約一事對幕府來說，最失策的是去請求敕許。幕府大概以為天皇應該會識相，把握這機會與幕府合作，以表現一下自己的存在感。但天皇准許與否，本來就不是自己所能確定的。何況就算得到敕許，固然是讓天皇分擔了責任，但也給各方勢力看到幕府失去自信。而現在既然問了，又在不得敕許的情況下與洋人簽約。幕府的無能而專橫，引起各藩的憤慨和失望。

此舉更引爆了朝幕關係這個自開府以來，一直被隱藏、卻從未解決的政治問題。本書首章已提過，幕府在開府之初對皇室及朝廷制定了《禁中並公家諸法度》，用法制死死地規定天皇和朝廷的角色為傳統文化的傳承者。幕府這種武士刀出政權的邏輯，有着鎌倉時代以來治權在幕府不在朝廷的歷史背景，但如何調和天皇和將軍的關係或合理化幕府的統治，則是對於接受儒家「天無二日」概念的日本儒者來說，一直想克服的課題，於是各種說法被提出。

對由幕府所支持的林家所編纂的史書《本朝通鑑》不滿的水戶藩，在 1650 年代就另行開始《大日本史》編纂工程。編者之一的三宅觀瀾，就因為將軍是「其官則受朝命，其位則在臣列。而凡天下土地財租，皆自有之，置守署吏，由征討生殺一至廢立大事，又皆自專之。自周漢迄宋元君臣之事蹟，未見其類也」，這樣的一種介乎於發令之君和聽令之臣之間的特殊存在，而打算在列傳之外特設〈將軍傳〉。面在今本的《大日本史》中，將軍的事蹟被放在一般臣民的列傳之間。而我們的熟人新井白石，則試圖消解這種矛盾。白石緊扣《論語》中「禮樂征伐自天子出」一句，引伸指作為一個君主，是同掌禮樂（制度文化）和征伐（軍事）合一的主體。且慢，那現在京都的天皇和朝廷掌握禮樂（傳統文化），和武士的幕府掌征伐（及實際政治），兩者分離，不是有欠理想嗎？但白石的看法並非如此。

根據最新研究，白石其實大膽主張德川家到當時開府已達百年，有德有功，不像之前的鎌倉和室町幕府那樣挾天子以令諸侯（以至天子本身）的霸者，而是相對於京都朝廷，在「禮樂」和「征伐」上，都足以取而代之的日本新朝、是王者。他在招待朝鮮通信使時，讓幕府的官員穿著京都朝廷的冠帶，甚至在江戶城表演朝廷的雅樂，儼然大和正統。他又讓皇室設立更多「宮家」（皇族的一種世襲稱號），改變以往天皇子女動輒出家的舊習，希望皇室子孫繁盛。皇室的子孫繁盛，又變成將軍的功德。這是沿襲儒家政治所褒揚的那種新朝建立後要「興滅國、繼絕世」，如周朝封殷後於宋的做法。至於同時代滿州那些野蠻人那樣對前朝趕盡殺絕、心裏有鬼的做法，足以君臨日本的強者幕府，是不屑也不必為之的。

嚴格來說，白石的理論自相矛盾之處不少，比如上文所介紹改將軍稱號為國王一事中，面對皇室確實存在的現實，也沒有讓將軍名實相符地稱帝（要清除皇室令名實相符的做法，在傳統中國政治哲學中有個術語：篡奪）。而招待通信使時挪用朝廷的衣冠禮樂，也就是以武家為公家、名實不符的僭越。白石的構想，沒有解決日本政治中歷來主權和治權分離的現實。

到了幕府中後期，松平定信再次解釋朝廷和幕府並立的現實。他指是天皇將朝政委託給幕府將軍，因此堅持幕府也擁有像處罰武士平民一樣，處罰公家的權力，以合理化他處罰在尊號事件上與他作對的公家。諷刺的是，這種論調被稱為「大政委任論」，成為後來幕府交出政權的理論基礎。不論如何，無法理解這種王權二元，又或主權與治權分離的時候，面對現實、承認將軍作為日本實際的統治者的外國人，譬如菲摩亞總統在親筆信中，就乾脆稱將軍為"THE EMPEROR OF JAPAN Great and Good Friend"（日本的皇帝）。

總之，即便將軍掌日本國政，而到幕末為止的二百多年來，皇室雖然衰微，但沒有完全被遺忘。其延綿千年的統緒，只要尚存，就被利用作為權威，去挑戰或平衡在洋人面前無能、而又作風專橫的幕府。看重皇室的人，舉出了「尊王攘夷」[11]的口號。

尊王攘夷，一如字面，就是尊崇王室、驅除異族的意思。這本來是在宋朝興起的《春秋》學思想。學

---

11 幕末以後有日本人強調所尊的是天「皇」，因此有改寫為「尊皇」者。

者指出，強調《春秋》的核心思想是孔子要表彰扶持周室、對抗南楚北胡各種外族的這種想法，在宋朝特別流行，反映出宋朝面對外族強大軍事壓力時的一種精神調適。從宋明理學中吸收到思想養分的幕末儒者猛然發現，這種宋朝《春秋》學的精神，不也是今天日本人面對洋人強行要求開國時所應抱持的精神嗎？

在尊王的大前提下，又可分成尊王佐幕或所謂公武（朝廷和幕府）合體的一派，與尊王攘夷派（尊攘派）。前者在攘夷的大前提下，重提皇室權威的同時，認為幕府畢竟尚有實權且有豐富行政經驗，應該聯合。後者則認為幕府無法繼續執政，故需尊奉皇室打倒幕府，才去攘夷。今天我們所知道的歷史，就向他們所期待的方向發展，這容後再述。

了解到當時這種尊王風氣，就知道請求了卻不得敕許，就締結了《安政五國條約》的幕府確實惹得一身蟻。《日美修好通商條約》簽訂後不到三個月，將軍家定就在 1858 年 8 月 14 日去世。南紀派的德川慶福成功繼位，改名家茂。而幕閣方面，繼堀田正睦、以高於老中首座的大老身分執政的是井伊直弼。面對洶洶的輿論，幕府一如以往地對國內強硬。井伊逼反對條約的朝廷公卿辭官落飾（出家），並監禁、流放、處死各藩異見人士。井伊更順手整肅幕府內部的一橋派，德川齊昭等大名因在找井伊理論條約當天不應入江戶城，被指為非禮，被勒令「謹慎」(閉門思過)，數名該派的奉行被貶。後世以年號稱為安政大獄。但井伊除了史無前例地整肅政敵外，他本人也創下了幕府史上另一紀錄：成為唯一一位被當街斬殺的大老。1860 年 3 月 24 日那個不合季節的大雪早上，十七名為了不連累本藩而脫藩的水戶藩武士、一名薩摩藩武士，在井伊到江戶城辦公途經櫻田門時斬其首而去，史稱櫻田門外之變。

為甚麼是水戶藩武士呢？在〈思想與文化〉一章提過，水戶藩第二代藩主德川光國一向崇敬本土的神道，又在流亡江戶的明朝遺臣朱舜水的影響下，藩內武士普遍學習朱子學。於是有點諷刺的是，光國雖是幕府將軍的子孫，但彌漫着朱子學、國學、神道的水戶藩，卻是一直關心日本史上正統性何在、這種挑戰了幕府執政合法性的問題。前文提到光國不滿（其背後是幕府的）林家所編輯的《本朝通鑑》而另編《大日本史》，更具體來說是不滿前者沒有講明日本史上君臣之間的大義名分。也許就因這點，因結果還是和外國人簽了約而失了面子、氣急敗壞像紫衣事件的後水尾天皇那樣又說要退位（而最後沒退成）的孝明天皇，也看重了水戶藩的忠勇可嘉，繞過幕府降敕水戶藩，要求後者周知各藩插手幕政、積極攘夷，更使水戶藩武士勤王之心大熾。「尊王攘夷」之語當然來自中國古典，但這四字在江戶日本文獻中的用例，也見於論述水戶藩藩校弘道館創立宗旨、德川齊昭親撰的《弘道館記》:「我東照宮撥亂反正，尊王攘夷，允武允文，以開太平之基。」水戶藩武士所嚮往的，是像開府時的神祖家康驅逐天主邪教一樣、去驅逐要求開國的外國人。

老實說，比起空言攘夷，幕府作為現政府，其眼光和手段可算務實，盡力把握了開國的機會提升國力。1860 年為了《日美修好通商條約》換約，幕府遣使經三藩市到華盛頓交換國書，並商討金銀通貨問題（按年號稱「萬延元年遣美使節」）；又嘗試派商船千歲丸到上海、建順丸到香港以及巴達維亞貿易。軍事方面，在英荷等國的贈送或向前者購買下，西式軍艦有所增補。但幕府面對的局勢仍持續惡化。1859 年橫濱按《日美修好通商條約》開港，機器生產的外國紡織品等商品打擊了日本相對脆弱的工業，並因日本與歐洲金銀比例的差異，黃金被外國商人套買流出。幕末的經濟問題越加深重。天明、天保饑荒以來生計日益凋敝的農民，在幕府中期以後生活長期窮困的武士，把這一切都歸咎於幕府的無能以及洋人的來到。

由 1857 到 1868 年幕府結束為止，幾乎每年都有武士，發動針對外國人和像翻譯等服務於外國人的「日奸」的襲擊，有死有傷。

在政治方面，雖然二百年來首次有幕府大老當街被殺，令幕府權威掃地，但事情暫時還是向有利幕府一方發展。在幕府的遊說下，朝廷中傾向公武合體（或稱公武一和，即朝廷和幕府合作）的公卿聯合說服孝明天皇，把妹妹和宮親子內親王嫁予將軍家茂。幕府則頗像明朝官員袁崇煥向崇禎皇帝承諾三年平遼那樣，向朝廷承諾十年內「毀約攘夷」，讓日本回到「鎖國」狀態。1861 年 12 月 11 日，和宮入江戶城。儘管她和前任將軍家定的遺孀、名義上的家婆（家茂以家定養子的名義繼位）天璋院不和的傳聞，成為後世不少小說、戲劇的題材，但這對因政治婚姻結合的夫妻，據說和睦相敬。他們的感情，也象徵着幕府和朝廷最後的蜜月期。1863 年，時隔二百二十九年幕府將軍再次上洛（到京都）：家茂去參見同時是他妻舅的天皇。

當時希望在天皇身邊尊王攘夷的各地武士聚集在京都，動輒以「天誅」的口號，刺殺被指贊成開國的公卿或幕臣。籠罩在這種恐怖襲擊陰影下的京都局勢不穩。1862 年，薩摩藩主之父島津久光以奉《戊午密敕》（之前降給水戶藩要求攘夷的敕書）勤王為由率兵上洛，幕府已無力阻止。作為補救措施，幕府則將京都所司代（幕府駐京辦長官）換成與自己德川宗家有血緣關係的桑名藩（今三重縣桑名市）主松平定敬，又命一向忠幕、與宗家也有血緣關係的會津藩（今福島縣會津若松市）主松平容保為京都守護職（臨時的京都治安長官），率兵入洛。

容保本來主張「言路洞開」，希望與尊攘派溝通。但在 1863 年 4 月 9 日，京都等持院裏所供奉室町幕府首三代將軍（足利尊氏、義詮、義滿）的木像被斬首、牌位不翼而飛。木匠的頭後來在作為刑場斬首的三條河原找到。這當然不是行為藝術，而是尊攘派武士和其跟從者所為：今天的將軍家茂如果不尊重皇室及趕快攘夷，下場就像這幾個上代將軍的木像一樣！容保被徹底激怒了。在意識到與尊攘派根本沒有商談餘地之下，容保招募編制外忠於幕府的武士，編成新選組，或稱為新撰組，入洛鎮壓尊攘派。京都由從前的武士斬人，變成武士互斬，但逐漸尊攘派開始被鎮壓下來。新選組成為今天漫畫和戲劇的題材，其中歌頌劍客對幕府的忠義。而在當時尊攘派眼裏，他們就是惡名昭彰的特務警察。歷史人物的評價，從來都要看在何時、從哪個角度出發而定的。

儘管京都的反幕勢力一時受到壓制，但各地的尊攘派要不就繼續搞恐怖襲擊，要不就透過取得藩內政權後和幕府作對，對幕府的抗爭屢敗屢興，並且與洋人的衝突也持續不斷。幕府對天皇攘夷的命令虛與委蛇之時，長州藩（今山口縣荻市）卻是身先士卒，與洋人打起上來。長州藩封鎖本州西端與九州之間的關門海峽，在 1863 年、1864 年炮擊經過的洋船，最後招來英、美、法、荷四國聯合艦隊炮擊下關港報復。長州藩成為攘夷思想的溫牀，主要因為藩士吉田松陰在其內開辦的松下村塾散播相關思想，其門下就有明治時代大大有名的伊藤博文和木戶孝允。還有，作為關原之戰失敗者的長州藩毛利家，二百年間本來就不爽幕府。

這樣熱心攘夷的長州藩，當然也想染指京都。1864 年夏，長州藩以之前出身該藩的尊攘派志士被新選組所殺（池田屋事件），也派兵入洛。8 月 20 日，長州藩與會津藩、薩摩藩對戰，戰火波及皇宮（禁門之變），長州藩兵敗。因向皇宮方向開火，長州藩被宣佈為朝廷的敵人。對於政治上多出尊攘派，外交上又得罪洋人，一直添煩添亂的長州藩，不滿已久的幕府終於等到機會，以此為由動員各藩合兵十五萬討伐長州藩。輕微接觸後長州藩知道寡不敵眾，剛剛又被四國艦隊炮擊，遂殺主謀家老數人、毀山口城謝罪。幕府在 1864 年底罷兵，史稱第一次長州征伐。

幕府擺平了長州藩，似乎能喘一口氣時，情勢卻變得詭異起來。

主張公武合體下支持幕府的薩摩藩，其實也漸漸對幕府領導的政治改革不能滿意。由藩士西鄉隆盛、小松帶刀等斡旋、接觸下，在 1866 年 3 月初，薩摩藩與之前在禁門之變兵敗、痛恨他們以至在鞋上寫上「薩賊會奸」（以把兩藩踩在地上）的長州藩士在京都會面，結成同盟，軍事上互相支援。後世認為這是薩摩藩轉向倒幕的開始。但較新的研究認為，大概只是薩摩藩也想話事，而認為在京都會津藩的勢力太大，於是找回剛失敗的長州藩。

而在這所謂薩長同盟的背後，居然還有英國人的身影。在 1860 年代的日本最為活躍的外國，不是敲開了日本國門、卻困於南北戰爭的美國，而是法國和英國。法國公使羅叔亞（Léon Roches）受幕府委託建造鑄鐵廠及造船廠後，立場開始傾向幕府。他後來介紹日本參與巴黎萬國博覽會，又聯絡法軍組織軍事顧問團為幕府訓練陸軍。而英國公使巴夏禮（Harry Parkes）則巧妙地把握到剛被他們打敗的長州藩和薩摩藩自知不可再以武力攘夷，可以化敵為友，於是向他們示好，以致在薩長之間穿針引線，利用他們對幕府不滿的情緒，牽制幕府以及背後的法國。

於是，在第一次長州征伐後，長州藩沒有坐以待斃。他們就找上昔日的敵人英國，購置軍火及操演散兵戰術等最新的西式戰法。識破了長州藩所謂「（修）武備（而外示）恭順」之計的幕府，打算一了百了解決此事。1866 年夏，將軍家茂再度西上、駐於大阪。在勒令大阪的米商獻金，終於湊足軍費後的幕府，合諸藩分四路攻向長州藩，史稱第二次長州征伐，受到後者頑強抵抗。到 8 月 29 日，將軍家茂以二十一歲青年病逝於大阪城。面對膠着的戰線，諸藩本來就因指揮混亂及各懷異心，而得過且過，收到這消息後更無鬥志，加上朝廷降敕要求停戰，幕府軍撤退後，反而長州藩乘勝追擊，侵佔了之前支持幕府的小倉藩的一部分領地。

終於，全日本都知道幕府不僅對於洋人，即使對於各藩，也只是紙老虎。而 1866 年，距離紙老虎被捅破，只有不到三年。

成王敗寇

迎娶了和宮的家茂，不僅是公武合體的象徵，而且年輕英明、性格溫厚纖細。後世認為天若假年，幕府也許還能存在較長日子。只是歷史沒有如果。

話分兩頭，之前作為家茂對手的一橋慶喜，在將軍之位已定後駐在京都，和會津藩、桑名藩等忠於幕府的勢力合作下穩定了京都的局勢，與朝廷有着良好關係。家茂死後，被認為是繼承將軍之位的最佳人選。於是慶喜在 1867 年 1 月 10 日得到朝廷宣下（任命），成為幕府第十五代將軍，復姓德川。

慶喜的政治基礎是結交朝廷，以及聯合會津藩等忠於幕府的勢力。他就任將軍以來沒有回過江戶，以至到幕府結束時，都未曾以將軍的身份入過江戶城，而是傳召幕臣到京都理政。施政上繼續推進與外國交流，派遣幕臣到歐洲遊學；又改革官制，新設陸軍總裁、海軍總裁、外國事務總裁等對應新形勢，並在征伐長州失敗後，招聘法國軍事顧問團來改革陸軍，分為步、騎、炮三軍。

但就在同時，政局變得對幕府相當不利。就在慶喜得到宣下後的二十天，1867 年 1 月 30 日，孝明天皇駕崩。孝明天皇可說是頑固的攘夷派，但就如他把和宮嫁與家茂一樣，認為攘夷要通過幕府實行。他亦信任幕府的慶喜和松平容保。他和家茂相繼去世，使公武合體越不可能。朝廷逐漸被岩倉具視等尊攘派公卿控制。由於孝明天皇公佈的死因是瘡痘這種成人罕見的病症，而公卿中山忠能的日記提到天皇遺體「御九穴より御脫血」（面上七竅加大小便兩口的九竅出血），到今天仍有指是倒幕派弒之，改立十四歲的皇太子睦仁（明治天皇）作為幼帝繼位。不論如何，在法理上沒有得到天皇及朝廷必然支持的幕府，那就只能與長州藩等倒幕勢力硬碰。

同年，得知薩摩等藩已準備武力倒幕的土佐藩（今四國高知縣）主山內容堂，透過老中板倉勝靜等向慶喜建議交出政權。後者倒是順坡下驢，在 1867 年 11 月 9 日上表辭任征夷大將軍。（大政奉還）事實上，即使將軍辭職，沒有軍事實力的朝廷根本不能執政，結果還是德川家作為各大名之首，換個名義繼續執政。這是慶喜以退為進，用來消解倒幕派起兵藉口的手段。

只是倒幕已箭在弦上，不得不發。在慶喜奉還大政之前一日，由岩倉具視等公卿的運作，明治天皇向薩摩藩和長州藩秘密下詔「殄戮賊臣慶喜」（後世認為可能是偽敕）。到明年 1 月 3 日，由薩摩等藩掌握的朝廷發佈《王政復古大號令》，重訂朝廷官制，建立以天皇為首的政制之餘，要慶喜辭官（已不是征夷大將軍的慶喜，在朝廷尚有「內大臣」之職）納地（交出德川家的領地），將他以至德川家排除出新政府。慶喜發覺京都越來越危險，於是來到他尚能控制的大阪。同時在江戶的薩摩藩武士故意殺人搶劫，向幕府挑釁。忍無可忍的江戶當局攻入薩摩藩邸，並向在大阪的慶喜報告，雙方於是決裂。1 月 10 日，慶喜在大阪會見英、美、法、荷、意、普魯士六國公使，要求各國保持中立，並承認幕府為日本的外交代表。27 日，幕府軍在京都以南的鳥羽、伏見等地與薩摩軍遭遇，戰鬥開始，到 30 日以人數佔三倍之多的幕府軍敗退結束。雖然後世喜歡描述薩摩、長州一方（又或所謂新政府軍）舉起代表皇室的錦旗，使幕府軍自覺變為朝敵、為之氣奪，於是潰敗的戲劇性畫面，但幕府軍的失敗，恐怕更多是戰略上慶喜不欲先生事端、故準備不足，戰術上又因裝備的是較舊的滑膛槍、命中率差，加上地形不適合大部隊展開而致。

失敗主義就像瘟疫一樣擴散開去。慶喜接到敗報後拋下部隊，與松平容保、定敬及板倉勝靜等親信從海路逃出大阪，回到江戶。已不是將軍的慶喜終於走進江戶城。法國公使羅叔亞找上慶喜，鼓勵他舉兵再起，不聽。慶喜後來住進了寬永寺，把戰後處置的談判都交予陸軍總裁、曾出使美國的勝海舟。另一邊廂，在朝廷宣佈慶喜為朝敵後，3 月 29 日，英國公使巴夏禮謁見明治天皇，英國成為首個承認新政府的列強。4 月 6 日，朝廷發佈《五條誓文》，指要「廣興會議，萬機決於公論；上下一心，盛行經綸；官武一體，以至庶民，各遂其志，毋使人心倦怠；破除舊來之陋習，一本天地之公道；求知識於世界，大振皇國之基礎」。

氣象更新的新政府軍勢如破竹、一路東向，但由於對在幕府根本之地的關東作戰並無絕對勝算，以及巴夏禮以戰事波及江戶會干擾貿易，要求新政府軍不要攻擊江戶；出身薩摩的天璋院、先帝之妹的和宮兩位將軍的遺孀，也請自己本家的新政府軍高抬貴手。於是新舊政府接洽，結果以慶喜免死、交出江戶城等條件，在 5 月 3 日，勝海舟等舊幕臣將江戶城交給新政府軍，慶喜回到闊別二十多年的家鄉水戶藩「謹慎」。幕府至此名實俱亡，朝廷則在同年 10 月 23 日改元明治。

幕府和將軍的評價

正如本書首章〈政治與權力〉所述，幕府沿襲了日本自十二世紀以來武士執政的傳統，靠着家康打下的基礎和積威控制各藩。作為武士領袖的將軍掌握全國性事務和外交權，而各地的大名則統治自己的領地的幕藩體制，以及有限外交的「鎖國」體制，在洋人的炮艦外交到來之前，大致得以維持二百多年的太平，孕育出很多時至今天仍為日本人所自豪的「日本文化」。

而在十八世紀末以來，在內憂外患中改革跟不上變化的幕府，逐漸失去了作為領袖的權威，被國內的對手活用了皇室這政治資源加以打擊，遂在千夫所指下走向終結。諷刺的是，如果以頒行《大日本帝國憲法》的 1889 年，作為國家現代化的指標，在尊王攘夷的口號下打倒幕府的薩長人士所把持的明治政府，卻是在打倒幕府後只用了二十年、這樣令人瞠目結舌的速度，將日本的軟件、硬件都加以西化。尊王與否姑且不論，很明顯攘夷則不必再提。那麼開國既然勢在必行，我們也許更能體會事實上也只是一強藩的幕府，當日在沒有掌握到整個日本資源下，周旋於外國挑戰以及倒幕派搞局的正確選擇和艱難處境。

至於慶喜這人，很難評價。他少稱英明，聯合會津藩壓制京都的反幕勢力時做得很好，以至被稱為家康再世。繼任將軍後堅持開國，令日本經過幕末動亂一直保持現代化的進程。不少到歐洲留學後的幕臣，後來在明治政府發揮作用，可見其目光遠大。但做事總是虎頭蛇尾，在家茂病逝後他來到大阪，說要消滅長州藩以慰先將軍之靈，卻又馬上撤兵。鳥羽、伏見之戰一敗，居然就一氣東遁，不欲再舉。

時至今天，日本人對他的好評着眼於他放棄抵抗，避免了薩長—英國、幕府—法國的那種外國代理人戰爭，使後來明治政府有更順利的開局。這是客觀事實。但作為幕府的最高負責人，卻難說他已盡力挽救這個由他祖上所打下的天下。據說他晚年被伊藤博文訪問舊事時，表示因為他是尊王的水戶藩出身，故不敢與天皇作對，不過是服從祖訓。——多麼冠冕堂皇的理由！只是如果泉下有知，不知這位也是德川子孫的皇臣慶喜，如何面對列祖列宗詰問他為何逃出大阪時帶着愛妾，卻忘了由家康傳下來的金扇馬印（主帥座纛）？

慶喜在水戶藩「謹慎」後不久被遷到駿府，在 1869 年被赦免。他在明治新官制內受封公爵，以打獵、攝影、踩單車為興趣。活到 1913 年的他，甚至看到明治天皇駕崩。在作為安樂公的後半生裏，他與明治新貴及幕府舊臣都保持聯絡——但除了下一節那些在他本人投降後，仍對德川家效忠的孤臣。

最後武士

按干支稱為戊辰戰爭的倒幕戰爭，並未以江戶開城終結。面對像松平容保回到會津堅城固守，前老中板倉勝靜和小笠原長行成為東北佐幕諸藩同盟（奧羽越列藩同盟，包括會津、莊內、仙台各藩）的參謀等舊幕府勢力繼續抵抗的情況，新政府軍一路向北掃蕩。其中成為電影《最後武士》（*The Last Samurai*）藍本之一的蝦夷共和國的故事，也許值得分享，作為江戶幕府的最後一筆。

在江戶開城後數月，德川家被移封到駿府之事落實的同時，舊幕府海軍副總裁榎本武揚率開陽丸等八艦、舊幕兵及新撰組二千餘人逃出江戶，北上支援奧羽越列藩同盟。留學荷蘭的榎本在鳥羽、伏見之戰時，就是開陽丸艦長。在慶喜乘開陽丸棄軍先遁後，失去座艦的榎本就組織其他軍艦，將大阪的藏金、軍械、殘兵撤回江戶。回到江戶後被任命為海軍副總裁，和小栗忠順等奉行都主張死拚。被慶喜拒絕後，他就找機會離開江戶。他逃出時所發的檄文說：「王政日新，為皇國幸福，亦我輩所希望。然當今政體，其名雖公明正大，其實不然。王兵之東下也，誣我老寡君以朝敵之污名。其處置既甚，遂至於沒收其城地、倉庫，使棄其祖先墳墓不祭；舊臣采邑頓為官有，我藩士遂不能保其居宅，又何甚也！此一出強藩私意，非真王政！」

這些孤臣的忠節及難處，似乎也感動了他們的法國老師。因為改朝換代，被解僱的舊法國軍事顧問團，已搬到橫濱等待回國。但其中原炮兵教官二等上尉布呂奈（Jules Brunet）和參加過克里米亞戰爭的馬政官 Andre Cazeneuve 趁亂離開橫濱，找上了開陽丸。另有三名法軍軍官一路北上，與榎本一行在仙台會合。

由於當時奧羽越列藩同盟也瀕臨瓦解，他們一路北上蝦夷地，打敗了已歸順新政府的箱館當地官府，就以箱館的五稜郭為根據地。榎本請前來箱館要求了解情況及保護僑民的英法軍艦，代為轉交一份寫給新政府的請願書，請求讓德川家的後人和幕府舊臣來開拓蝦夷地自力更新，和作為阻擋俄羅斯南下的屏藩。新政府拒絕。

1869 年 1 月底，在箱館諸人舉行選舉，士官以上有投票資格，結果榎本當選「總裁」，以下仿幕制設陸軍奉行、海軍奉行、會計奉行等職，士兵分為四個列士滿（法語軍團 régiment 的諧音），法軍教官散入其中。這個沒有正式名稱、但被英法承認實際控制蝦夷地的政權（法方的紀錄稱之為 authorities de facto），在後世被稱為「蝦夷共和國」。而要斬草除根的新政府軍，很快在 1869 年 5 月初登陸。面對敗象已呈的箱館政權，在送走布呂奈等人到法國軍艦後繼續抵抗。在新政府軍已經控制箱館市區下，榎本拒絕勸降，後自盡，又為部下所救，最終在 6 月 27 日還是開五稜郭，帶領尚有千人的舊幕府軍投降。

榎本等箱館政權的幹部，被送往他們曾經作為將軍旗本自豪、而現已改名為東京的那座城市囚禁。1872 年初獲釋後，榎本便被他箱館時代要刺刀見紅的敵人、當年新政府軍的參謀黑田清隆推薦，參與開發北海道的調查，再次北上。黑田出身薩摩，而榎本是生長於江戶的正宗「江戶男兒」（江戸っ子），將軍家和薩摩藩那可以追溯到二百七十年前戰國時代的恩怨，在他們身上，似乎終於成為歷史。

後記

2019年受邀到早稻田大學講課，其中一科題為Topics in history，副題就是cultural exchange in East Asian history，是用英語介紹中日韓文化交流史的通識科目。由於修讀的學生大都不會日語（遑論漢語）、且專修理工科，故內容力求淺白直接，在不牽涉太多背景的情況下，對兩國以至三國在互動之下的歷史進程，作最直觀的解說。蒙香港三聯書店梁偉基兄錯愛，讓沒有寫過普及書籍的筆者撰寫本書。想起也可以把在江戶時代一些對日本歷史發展重要的情況，用這種如實反映的講法書成文字，於是也毅然接受這項挑戰。本書部分內容，就是由該課堂的內容大幅改編而成的。

當然，與操英語的學生不同，今次面向中文讀者，在聚焦江戶日本之餘，也往往從中國史和漢文化的角度出發，突出江戶與明清兩代的相異之處。通史比其他著作，更需要史觀。這種從中國史看日本史的一孔之見，也許可說是本書的史觀。這種由他者回顧主題的看法，緣於在東京大學六年間的學習經歷。

在業師小島毅教授的各種課堂和課外的講座中，所深深體會到即使在所謂閉關鎖國的前近代東亞，由於有着海域這個交流平台，故需超越國別、從國際層面觀察文化交流，方能反過來更深入理解各地文化在各種因素影響下的發展。本書與其他江戶史的普及書籍相比，較多介紹來自列島以外推進江戶日本發展的外國因素，即由於此。

筆者的專長是近世中國的思想文化史，特別是傳統上被稱為經學史的儒經解釋史。對於日本史，除了在博士班裏修課所得，就是靠自己閱讀而得來的野狐禪式理解。書中有關思想文化的討論不成比例地多，與及對其他內容明顯的避重就輕，似乎無所遁形。今次越俎代庖，誠惶誠恐。願讀者對其粗淺之處，一笑之餘多多指正，則幸甚幸甚。

走筆至此，不由想起國士館大學的竹村英二教授。三年前不幸急病離世的竹村教授正是江戶思想史的專家，而在筆者的留學生涯中一直謬加青眼。如果先生尚在，其實很想把這本由外國人所寫的日本史小書，送給先生以博一笑！

本書原稿曾經業師小島毅教授指正，荷蘭國立博物館藏 The Trading Post at Dejima 繪卷得同門東京大學顧嘉晨先生提示。本書部分內容考證，承（荷語）

魯汶大學文學院羅惠丹女史協助，謹致謝枕。而一切文責，概由筆者自負。

大事年表

年	月	日	日本大事	
1600	5	12	德川家康見英格蘭人 William Adams（三浦按針），後者後來因傳授航海技術等，被賦與武士資格。	
	10	21	關原合戰。	
	11	6	與家康對抗的西軍首腦石田三成、小西行長、安國寺惠瓊，被處死於京都六條河原。	
			是年荷蘭船（De Liefde）始來日。	
1601			加藤清正始築熊本城。發現佐渡相川金礦。訂東海道傳馬（驛站）制。	
1602			家康命諸大名助築二條城（幕府駐京都）。	
1603			家康任征夷大將軍，開幕府。《日葡辭典》（*Vocabulário da Língua do Japão*）問世。出雲（島根縣）女性阿國開始跳歌舞伎舞。	
1604			強化絲割符制（幕府在京都、長崎等地任命當地商人，經與外國商人商定價格後，由商人統一購入白絲，再批發給國內絲商和工廠。在購入價與批發價之間，保持一定的利潤，由商人獲取）。	
1605	6	2	家康退隱，秀忠任第二代將軍。	

	中國大事	世界大事
	楊應龍死，播州之亂平定。	
	是年利瑪竇入北京，明年刊《坤輿萬國全圖》。	英國東印度公司成立。布魯諾因主張日心說等原因被教廷處死。
	蘇州民變。奴爾哈赤始建八旗。	
		是年荷蘭東印度公司成立。
		英格蘭伊利沙伯一世駕崩，詹姆士一世即位，斯圖加特王朝成立。西班牙殺呂宋華僑二萬五千人。
	荷蘭人始抵澎湖，為明軍驅趕。	伽利略發現自由落體原則。

年	月	日	日本大事	
1607			《本草綱目》傳入。朝鮮通信使始來日。	
1609	5	8	琉球被薩摩藩入侵，從此同時向北京及江戶朝貢，開始「兩屬」。	
	8	24	荷蘭開商館於平戶。	
1610			是年三浦按針建造的日本船（San Buena Ventura）橫渡太平洋到新西班牙（墨西哥）。又許西班牙通商。	
1612			幕府於直轄地（以江戶、京都、駿府為首）禁教。	
1613			英格蘭開商館於平戶。	
	10	28	伊達政宗派家臣支倉常長乘 San Juan Bautista 到西班牙。	
1614	7	21	幕府藉口方廣寺鐘銘文有詛咒家康的內容，起兵討伐豐臣家（方廣寺鐘銘事件）。	
	12	19	大坂冬之役爆發。	
1615	1	18	大坂冬之役以豐臣家答應填平大坂城護城河為條件講和。	
	4	12	大坂夏之役再起。	
	6	4	大坂城陷，豐臣秀賴自盡，遺兒國松被處死。祭祀秀吉的豐國神社被廢。	
	8	7	頒《一國一城令》。	
			是年頒《武家諸法度》、《禁中並公家諸法度》。	

	中國大事	世界大事
		是年荷蘭與西班牙停戰，得以獨立。
		是年法蘭西路易十三即位，俄羅斯羅曼諾夫王朝（1613-1762）成立。
		法蘭西路易十三召開三級會議。
	梃擊案。	

年	月	日	日本大事	
1616	6	1	家康死。中國船以外貿易僅限平戶及長崎。	
1619			封家康第十子賴宣於紀伊（「御三家」之一的紀伊家，第八代將軍吉宗出此）。	
1620	9	20	支倉常長回國。	
1622	4		老中本多正純被控改裝宇都宮城內的天花，企圖暗殺原定留宿城內的將軍秀忠。事後審訊有各種疑點，結果正純被流放到秋田南部的橫手。	
	9	10	長崎處死天主教徒，及於婦孺（元和大殉教）。	
1623	8	22	家光任第三代將軍。	
			是年英格蘭在貿易競爭上敗於荷蘭，自日本撤退。	
1624			禁西班牙船來。	
1628	6	29	荷蘭東印度公司台灣長官努易茲（Pieter Nuyts）等人，因貿易糾紛在熱蘭遮城（今台南）被日本朱印船船長濱田彌兵衛等武裝挾持，到 7 月 5 日雙方達成協議（濱田彌兵衛事件）。	
1629	10	3	頒朱印狀與旅居暹羅的山田長政，許貿易。	

	中國大事	世界大事
	奴爾哈赤建金國（後金），建元天命。	教廷禁日心說。荷蘭人發現南美洲最南端的合恩角。
	4 月薩爾滸之戰，明、鮮聯軍大敗，女真崛起。	荷蘭於爪哇島建巴達維亞城（今雅加達）。
	紅丸、移宮兩案。	是年五月花號到達北美。
	後金陷廣寧，經略熊廷弼走入關。後金以遼陽為東京。	荷蘭入侵葡治澳門，葡軍御卻之，荷蘭遂轉佔台灣。
	徐光啟自澳門購紅夷炮，連西洋炮手北上。	
	荷蘭人與明軍戰於澎湖，失敗後始在台灣活動。	黎塞留為法蘭西路易十三宰相。
	崇禎帝即位。	
	毀《三朝要典》，定魏忠賢逆案。袁崇煥殺毛文龍。後金破龍井關入塞，圍攻北京。	

年	月	日	日本大事	
	12	7	以有傷風化，禁女歌舞伎、女舞、女淨瑠璃。	
	12	22	後水尾天皇退位（紫衣事件）。	
			長崎始行踏繪。	
1633			禁奉書船貿易以外航海及海外日本人歸國。	
1635	4	27	對馬藩向朝鮮和幕府雙方偽造文書之事被揭發，對馬藩主及家老在江戶城內對質（柳生一件）。	
			是年日本人出海及在外日本人歸國被全面禁止。參勤交代被制度化。	
1636			祭祀家康的日光東照宮落成。	
1637	12	11	島原之亂爆發。	
			幕府強化保甲制度「五人組」。	
1638	4	12	原城城陷，島原之亂結束。之後幕府嚴格禁絕天主教。	
	12	12	是年置大老之職，以土井利勝、酒井忠勝任之。	
1639			禁葡萄牙船來。	
1641	7	24	移荷蘭人於長崎出島。	

	中國大事	世界大事
		1620 年代在大城（暹羅）、呂宋出現日本町（日本人聚居地）。
		伽利略受宗教審判。
	後金從蒙古林丹汗得到傳說中的傳國玉璽。	
	後金改國號為清，皇太極稱帝。	朝鮮不願向後金稱臣，皇太極親征朝鮮，翌年仁祖投降（丙子胡亂）。
		是年荷蘭鬱金香泡沫爆破。
	宋應星《天工開物》書成。	
	是年清兵入塞，南至山東，擄掠人口四十餘萬（戊寅虜變）。	
		北美麻省殖民地學院改名哈佛學院（Harvard College）。
		是年荷蘭佔馬六甲。

年	月	日	日本大事	
1642			寬永饑荒。	
1645			明平虜侯鄭芝龍請兵於長崎奉行及幕府。不及報而芝龍已降清。	
1649			《慶安御觸書》傳說於是年公佈，規戒農民要過節儉生活。現代學者認為是偽書。	
1651	7		由比正雪之亂（慶安事件）。	
1652			幕府在江戶小石川設立藥園。	
1657	3	2	明曆大火。	
			是年德川光國着手編《大日本史》。	
1661			朱舜水來長崎，後至江戶依水戶藩。是年越前國福井藩發行銀札，是最早由藩發行的貨幣。	
1662			伊藤仁齋開古義堂於京都堀川。	
1663			禁殉死。	

	中國大事	世界大事
	松錦之戰，總督洪承疇降清。西藏遣使至清盛京。	英格蘭清教徒革命（至1649年）。
	去年北京城陷，明思宗殉國。吳三桂迎清兵入關。是年南京的福王政權不足一年而敗，唐王立於福州。清強人民薙髮，二千年來蓄髮之俗亡。	
		去年《西發里亞和約》簽訂，標誌着由主權國家組成的近代歐洲開始。是年英皇查理一世被處死。
	順治帝親政，清算故攝政王多爾袞一黨。	
	清冊封達賴五世。	第一次英荷戰爭爆發（至1654年）。
	設盛京奉天府。	
	頒遷界令。蘇州哭廟案起。	法蘭西路易十四親政。
	清平西王吳三桂殺永曆帝父子於昆明。明延平郡王鄭成功驅逐在台荷蘭東印度公司後，於同年病逝。	英國皇家學會創立。
	莊廷鑨《明史》案。	

年	月	日	日本大事	
1665			禁私自買賣金銀。	
			廢諸大名證人制（人質）。頒佈《諸宗寺院法度》（管制寺院、僧侶）、《諸社禰宜神主法度》（管制神社、神職）。	
1669	6	21	沙牟奢允之戰爆發（愛奴人與松前藩之間的戰爭）。	
1670			林鵞峰完成《本朝通鑑》。紀州藩蜜柑船發現小笠原諸島。	
1672			從去年去，商人河村瑞賢（或作瑞軒）為江戶開闢出東、西航路，將東北和關西的物資運到江戶周轉時間，從一年多縮短到三個月。	
1673	2	4	前任將軍秀忠私生子、曾掌幕府大權的保科正之歿。	
	8		三井高利的服裝店「越後屋」開業（現三越百貨之始）。	
1680	8	12	綱吉任第五代將軍。	
1682	10	16	山崎闇齋卒。闇齋是儒者、神道家，將吉川神道等與朱子學結合，創立垂加神道，並對保科正之有所影響。	
1684	10	7	大老堀田正俊在江戶城內遇刺身亡，成為懸案。	
	12	5	澀川春海著《貞享曆》，取代《宣明曆》，為日本八百年內首次改曆。	

	中國大事	世界大事
		第二次英荷戰爭爆發（至1667）。
	囚鰲拜，清聖祖親政。	
		第三次英荷戰爭爆發（至1674）。
	三藩之亂起。	
		費城建城。
	是年設台灣府，隸福建省（前年鄭成功孫克塽兵敗，降清）。	

年	月	日	日本大事	
1685	10	23	山鹿素行卒。山鹿提倡日本的古學，貶斥宋明諸儒，提出天地為理氣合一，無終無始，否定天地之性與氣質之性有別。	
1687	1	28	將軍綱吉為了求嗣，將《生類憐憫令》擴大至不准傷害牛馬（最初為不許捨棄病人、老弱）。	
1688			將來長崎的清商隔離於唐人屋敷。契沖始作《萬葉代匠記》（《萬葉集》的註釋）。	
1690			移上野孔廟於湯島（俱在江戶內）。	
1691	2	30	德國醫生、博物學家肯普弗（Engelbert Kämpfer, 1651–1716）隨荷蘭商館團謁見將軍綱吉，後著有圖文並茂的《日本誌》。後來長崎翻譯志築忠雄據之演繹成《鎖國論》。	
1695			荻原重秀回收貨幣，減低金銀成色重鑄。	
1696			大阪堂島成立米市場，批發零售之餘，兼營大米期貨（有說法指是世上首個期貨交易所）。	
1701	1	14	水戶藩主德川光國歿。	
	4	21	赤穗藩藩主淺野長矩在江戶城裏斬傷幕府旗本吉良義央，被命即日切腹、廢赤穗藩。	

	中國大事	世界大事
	設上海、寧波海關。	法國路易十四世廢《南特敕令》，開始排擠新教徒。
		牛頓著《自然哲學的數學原理》，論述萬有引力定律、運動三定律等。
		英格蘭光榮革命。
	首部《大清會典》編成。	
		西班牙菲臘五世即位，西班牙波旁王朝成立。瑞典和俄羅斯之間的大北方戰爭（1700-1721）爆發。
		西班牙王位繼承戰爭（1701-1713）爆發。是年普魯士王國成立。耶魯大學創校。

年	月	日	日本大事	
1702			新井白石編《藩翰譜》成，記慶長五年（1600）至延寶八年（1690）間的三百三十七家大名之沿革。	
1703	1	31	赤穗浪士四十七名為主報仇，殺吉良義央。	
	3	20	命赤穗浪士切腹。此事被改編為戲劇《忠臣藏》，成為日本人歌頌對君主盡忠的楷模，歷久不衰。	
1705	4	5	伊藤仁齋卒。仁齋是日本儒學古學派的創立者，反對朱熹的理先氣後，提出唯物主義的氣一元論，由氣的盈虛、消長、往來構成宇宙，在倫理學上強調仁的意義。	
	4	6	奈良東大寺大佛殿整修。	
1707	12	16	富士山爆發，是目前為止最後一次爆發。	
1708			貝原益軒著《大和本草》。	
	10	11	西西里出生的傳教士西多契（Giovanni Battista Sidotti, 1668-1714）潛入鹿兒島附近的屋久島。	
	12	5	數學家關孝和逝世。	
			是年琉球重臣、儒者程順則自福州帶回康熙《六諭衍義》，後經薩摩傳到日本，成為江戶寺子屋的啟蒙讀物。	
1709	2	19	第五代將軍綱吉歿。	
			儒者新井白石參與幕政（正德之治），審問西多契後著《西洋紀聞》。	

	中國大事	世界大事
		聖彼得堡建成，並成為俄羅斯首都（至 1918 年）。
		英格蘭與蘇格蘭組成聯合王國。
	廢皇太子胤礽（翌年復，旋又廢）。	
	戴名世案興。始建圓明園。	

年	月	日	日本大事	
1711			新井白石簡化朝鮮通信使的招待，把將軍的稱呼由大君改為國王（後復稱大君）。	
1712			寺島良安著《和漢三才圖會》，是暢銷的插圖百科全書。	
1714	12	8	權臣柳澤吉保歿。	
1715	2	14	新井白石頒《海舶互市新令》，規定和清商、荷商的貿易限額，以抑制金銀流出。	
	10	5	貝原益軒卒。益軒是儒者，曾接受佛教和陸象山、王陽明思想，後改宗朱熹。晚年又批判朱熹，著《大疑錄》，主張「理氣合一論」，主氣一元論。	
1716	9	3	吉宗任第八代將軍（享保改革）。	
1719	11	21	山本常朝死，所著《葉隱》鼓吹武士要時時以死為念，是武士道思想的重要著作。	
			是年天文學者西川如見為將軍吉宗講西洋書。	
			為救助旗本、御家人困窮，頒「相對濟令」：幕府不接受有關金錢訴訟，讓雙方自行解決，實際上是允許武士賴賬。但這打擊了商人資本，又阻塞了武士借貸門路，故於1729年撤回。	
			是年又設特務機構御庭番，由吉宗紀伊藩主時代的近臣子弟充任。	

	中國大事	世界大事
	《康熙字典》編成。	

年	月	日	日本大事	
1720			江戶設消防組織（町火消）。天主教以外漢譯洋書解禁。	
1721			幕府增設專事會計的「勝手方」和專事民事訴訟的「公事方」兩機構；又設「目安箱」（意見箱），許庶民投告意見。	
1722			幕府命各大名按石高（封地生產力）獻米 1%，回報是逗留江戶的時間減半（至 1731 年財政紓困後廢除）。	
1723	2	20	取締心中（殉情）：已死者不准收屍，未死者降為非人。	
	6	18	吉宗更定「足高制」（幕府的俸祿制度），低俸者任高職時發給津貼，離職後即取消，以節約世祿開支，又能獎勵人才（享保改革）。	
1724			是年向各大名、旗本發儉約令，從贈答以至日常生活作詳細規定，禁止奢靡。	
1728	2	28	荻生徂徠卒。徂徠主張復古，認為「道」指堯舜以來的先王之道，體現道的是禮、樂、刑、政，離物無道，反對宋學。	
1730			吉宗創田安家（「御三卿」之一）。	
1733	7	9	兩國川（隅田川）發放煙花，日後成為江戶和東京夏天的盛事。	
1735	3	9	青木昆陽著《蕃藷考》，日本開始種植蕃薯。	

	中國大事	世界大事
	西洋船只准在廣州貿易，設公行。	英國南海公司、法國密西西比公司泡沫爆破。
	雍正帝即位。	
	乾隆即位，違父命殺曾靜等。《明史》編成，歷時六十年。	

年	月	日	日本大事	
1742			是年《公事方御定書》編成，明定罪行及其相應懲罰，為幕府首部法典。	
1754			山脅東洋、小杉玄適解剖犯人屍體，著《藏志》。廢《貞享曆》，用《寶曆曆》。	
1760	8	12	家治任第十代將軍。	
1771	1	9	後櫻町天皇退位，是到目前為止最後被承認的女天皇。	
	4	18	杉田玄白等開始翻譯解剖書 *Anatomische Tabellen*，後來成為《解體新書》的底本。	
1772	4	1	明和大火。是年以田村意次為老中，實行振興貿易、開拓新田等積極經濟政策。	
1774			《解體新書》刊行。	
1777			禁農民到江戶謀生，命開發新田。	
1778			俄羅斯船始來蝦夷地。	
1782			開發印旛沼、手賀沼（今千葉），後失敗。	
1783	8	5	淺間山大爆發。是年天明大飢荒。	
			仙台藩工藤平助獻《赤蝦夷風說書》，開始開拓蝦夷地。	

	中國大事	世界大事
		休謨始撰英格蘭史（*The History of England*）。
		普魯士、奧地利與俄羅斯第一次瓜分波蘭。
		費城召開第一次大陸會議。法蘭西路易十六即位。
		婆羅洲的華人政權改名為蘭芳大統制共和國。
	《四庫全書》編成。	
		英美簽訂《巴黎條約》，英國承認美國獨立。

年	月	日	日本大事	
1784	3	14	發現《後漢書．光武帝紀》中提到光武帝賜給倭奴國的「漢委奴國王」金印（今藏國立九州博物館）。	
			老中田沼意次之子意知被殺，反映對賄賂政治不滿。	
1785			最上德內探索蝦夷地。	
1786	9	17	將軍家治歿。	
			是年最上德內到千島羣島、樺太（庫頁島）探險。	
1787	4	23	家齊任第十一代將軍。	
			老中松平定信著手改革（寬政改革），採與田沼相反的緊縮儉約政策。江戶等大都市出現貧民因購米而生的打砸事件（天明打砸）。	
1789			發「棄捐令」，免旗本、御家人五年前的舊債。國後目梨之戰（愛奴與和人最後一戰）。	
			汲取天明饑荒的教訓，設圍米之制，命大名按石高，每萬石蓄五十石米為備。一些藩並有義倉（富裕階層設）、社倉（一般所設）之制。	
1790	7	6	寬政異學之禁（在幕府的昌平坂學問所只傳授朱子學，惟他處不限）。荷蘭商館長的江戶參觀改每五年一次（過去曾每年一次）。本居宣長《古事記傳》最早五卷刊行。江戶澡堂禁男女混浴。	

	中國大事	世界大事
	美國船始抵廣州，自此通商。	康德《純粹理性批判》第二版出版。
		華盛頓就任美國首任總統。法蘭西召開三級會議。網球場宣言。

年	月	日	日本大事	
			設人足寄場在石川島（在今江戶隅田川），教授遊民職業技能。又發舊里歸農令，向滯留江戶的農民發給旅費，讓他們回鄉務農。	
1791			行七分積金：町費盈餘的七成儲起，作為防災基金治水等	
1792			俄羅斯使節亞當．拉克斯曼（Adam Laxman）來到根室，送還漂流民大黑屋光太夫。老中松平定信給予信牌，許有限通商（有說為緩兵之計）。	
			否決朝廷提議為光格天皇生父典仁親王加上太上天皇的稱號（尊號事件）。此舉令幕府與朝廷關係大為惡化，被認為是老中松平定信落台的原因之一。	
1793			幕府准許官吏、藩醫、天文家出入江戶的荷蘭人宿舍。大槻玄澤聚集蘭學愛好者開設新元會（至 1873 年共四十四次）。松平定信辭老中，改革結束。	
1797			聖堂學問所改稱昌平坂學問所，成為幕府直屬學問所。俄羅斯人登陸擇捉島。	
1798			是年近藤重藏探索千島群島，在擇捉島立「大日本恵登（土）呂府」標柱。本居宣長《古事記傳》完成。	
1800			聖堂（昌平坂學問所）落成，許諸藩士入學。伊能忠敬開始測量日本全土（1816）。	

	中國大事	世界大事
		訂定米（公尺）法。
		紐約證券交易所成立。
	英使馬嘎爾尼使清。	法蘭西路易十六被殺於斷頭臺。羅伯斯比爾恐怖政治。
		詹納（Edward Jenner）發明牛痘。
		第一次南非波爾戰爭爆發。

年	月	日	日本大事	
1802	2	27	木村蒹葭堂歿。蒹葭堂本身是酒商而博學多聞，與詩人、作家、學者、醫生往來。大阪在其時出現如同歐洲沙龍的藝文交流圈。	
1803			淺草天文台開始翻譯洋書。	
1804			持之前所發信牌的俄羅斯使節尼古拉·列扎諾夫（Nikolai Rezanov）來到長崎，卻被軟禁、不許通商。	
1806			頒薪水給與令（文化憮恤令），許俄船補給。翌年前述列扎諾夫則因之前在長崎被軟禁，認為需用武力令日本開國，使部下攻擊蝦夷地北邊，幕府失去當地據點（文化露寇）。	
1808	10	4	英船 Phaeton 號偽作荷船入長崎港，擄荷蘭船員為質要求補給，當地官員無力反抗。Phaeton 號得到補給後離去。事後長崎奉行松平康英及負責港內兵備的佐賀藩家老等數人引咎切腹。（Phaeton 號事件）事後幕府加強英語學習等對英國的情報蒐集。有學者認為影響到日後頒布《外國船驅逐令》。	
1809			間宮林藏到樺太（庫頁島）、遠東探險，發現樺太是島嶼。旅行紀錄著成《東韃紀行》。	
1811			戈洛寧事件（俄方人員被幕府拘禁）。	

	中國大事	世界大事
		越南阮福暎建阮朝。
		《拿破崙法典》（法蘭西民法典）成，拿破崙稱帝，法蘭西第一帝國成立。海地自法蘭西獨立。

年	月	日	日本大事	
			在天文方高橋景格的建議下，於淺草天文台之下設置「蠻書和解御用」，以翻譯及出版外文書籍。	
1814			岡山的黑住宗忠創黑住教。	
1821			伊能忠敬完成《大日本沿海輿地全圖》成，獻予幕府。	
1824	5	28	有數首艘英國船在水戶藩的大津濱出現。十二名英國水手登陸，被日本人逮捕。審問後船員表示因船上有壞血病患者，於是上岸尋找蔬果及淡水補給，日方給予相關物資後讓他們離去（大津濱事件）。	
	8	20	歌舞伎《東海道四谷怪談》上演。	
			荷蘭商館醫生西博德（Philipp Franz von Siebold）在長崎郊外開設鳴瀧塾講醫學。	
1825	3	25	西博德見將軍家定。	
1825	5	3	發佈《外國船驅逐令》（異國船打拂令、無二念打拂令）。	
1829	10	22	西博德因被發現私藏日本地圖，被驅逐出境。同年葛飾北齋完成《富嶽三十六景》。	
1832	10	16	賴山陽歿。	

	中國大事	世界大事
		處理拿破崙戰爭善後的維也納會議舉行，其中承認瑞士獨立。
		拿破崙死。墨西哥自西班牙獨立，秘魯亦作同樣宣言。希臘自奧圖曼帝國的獨立戰爭爆發。
		新加坡為英國所佔。
		是年玻利維亞宣佈從西班牙獨立。

年	月	日	日本大事	
1833			饑荒由東北蔓延開去，史稱天保饑荒。	
1834			水野忠邦就任老中，推行幕政最後改革（天保改革）。	
1837	3	25	大鹽平八郎之亂。	
	7	30	美國船馬禮遜號（Morrison）載日本漂流民入浦賀，因《外國船驅逐令》被擊退（馬禮遜號事件）。	
1837	9	4	家慶任第十二代將軍。	
1838	12	12	中山美伎創天理教於奈良。	
1839			批評對馬禮遜號處置的蘭學家被捕（蠻社之獄）。	
1841			解散株仲間（產業內結成的專賣商會），企圖平抑物價。	
1842	7	23	鑑於清朝戰敗予英國，緩和《外國船驅逐令》，改頒《薪水給與令》，同時嚴守海防。	
1843			發《人反令》，強制流民回歸農村。聖堂改稱學問所。佐藤泰然在佐倉開設順天堂，為今日醫科名校順天堂大學的前身。	
			發《上知令》。幕府想擴大大阪和江戶附近直轄地，但引起原本統治當地的大名反對，最後失敗。老中水野忠邦因此辭職。大名敢於抗命，被認為是幕府權威失墜之始。	

	中國大事	世界大事
	英國首任駐華商務監督律勞卑抵達廣州，在要求會見兩廣總督直接磋商貿易事務被拒後，率軍艦炮擊虎門。	
		電報獲得專利。
	《南京條約》簽訂，香港成為英佔。	

年	月	日	日本大事	
			是年二宮尊德（金次郎）在小田原組成報德社，主張透過節約及儲蓄振興農村，在東海的自耕農間發展。	
1844			荷蘭國王威廉二世致書將軍家慶，勸告開國。筆頭老中水野忠邦同意，但得不到其他老中贊同。	
1845			阿部正弘成老中首座。美國捕鯨船來浦賀，送還日本人漂流民。	
1846			美國海軍將領貝特爾來浦賀要求通商，被拒。	
1852	11	3	明治天皇誕生。	
1853	7	8	美國海軍准將培理（Matthew Perry）率黑色軍艦四艘來浦賀，7 月 12 日離去，等待明年幕府回覆（黑船事件）。	
	9	26	幕府命在江戶灣築炮台，即今日之台場。	
	10	17	廢除禁造大船命令（之前各藩已暗中建造西式軍艦）。	
	12	23	早年漂流海上、被美國船救起的 John 萬次郎由美國回日，被賦予同旗本一樣的資格任官，賜姓中濱。	
1854	2	13	培理再來，有直逼江戶之勢。	
	3	31	與培理訂《日美和親條約》。	
			是年俄海軍上將普提雅廷來長崎。	

	中國大事	世界大事
	清與美國簽訂《望廈條約》，與法國簽訂《黃埔條約》。法國船來琉球。	多明尼加從前法國殖民地海地獨立。
		德克薩斯併入美國。愛爾蘭爆發大饑荒。
		美墨戰爭爆發（至 1848 年）。
		是年法蘭西拿破崙三世成立第二帝國（至 1870 年）。英國廢除犯人流放澳洲制度。
	是年首位留美學生容閎畢業於耶魯大學。翌年歸國。	
	設新海關，由英國人赫德掌管。	

年	月	日	日本大事	
1855	2	7	與普提雅廷在下田締結《日俄和親條約》，長崎以外加開下田、箱館兩港。	
	8	11	幕府命諸大名、旗本習西式火槍。	
	11	11	安政地震，江戶死者四千七百餘人。	
	11	23	幕府許旗本、諸藩士、庶民移居蝦夷地開拓。	
			是年蠻書和解御用改制為洋學所。	
1856	1	8	聘荷蘭海軍為教官，於長崎設海軍傳習所。	
			洋學所改制為蕃書調所。美國總領事館於下田開館。首任美國駐日公使哈里斯（Townsend Harris）強烈要求締結通商條約。老中首座堀田正睦親自到京都請求敕許而不得。吉田松陰開松下村塾，門下多維新志士。	
1857	9	22	委託荷蘭建造的咸臨丸（最早新造蒸氣軍艦）到達長崎。	
	12	7	美國駐日公使哈里斯謁將軍家定於江戶城，遞國書。	
			是年蘭方醫伊東玄樸開設種痘館。	
1858	7	29	井伊直弼為大老，未得敕許而簽訂承認領事裁判權及沒有關稅自主的《日美修好通商條約》；殺反對派橋本左內及吉田松陰（安政大獄）。福澤諭吉開私塾於江戶鐵炮洲（為後世慶應義塾大學之始）。	

	中國大事	世界大事
		俄羅斯亞歷山大二世（最後的沙皇）即位。
	英法聯軍之役（至 1860 年）。	
		印度民族起義（至 1858 年）。
	與英、法、美、俄簽訂《天津條約》。	英國東印度公司解散。阿根廷自西班牙獨立。

年	月	日	日本大事	
			《安政五國條約》。	
1859	7	1	神奈川、長崎、箱館開港。橫濱設外國人居留地（租界）。	
			是年岡山的川手文治郎創金光教。	
1860	3	24	水戶脫藩志士暗殺大老井伊直弼（櫻田門外之變）。	
			是年幕府將種痘館收歸直轄，改稱種痘所；同年又改稱為西洋醫學所，作為幕府直轄的西醫學校。	
1862	3	11	孝明天皇妹和宮親子內親王與將軍家茂成婚（公武合體）。	
	9	14	橫過薩摩藩主島津久光隊伍的英國人遇襲，有死傷。（生麥事件）	
	9	24	親幕的會津藩主松平容保就任京都守護職，加強鎮壓京都的反幕府勢力。	
			是年蕃書調所改制為洋書調所。	
1863	8	15	報復生麥事件，英國炮擊鹿兒島（薩英戰爭）。	
	10	12	長州藩尊王攘夷派脫藩藩士在但馬（今兵庫縣北部）與豪農結合倒幕，達二千人，兩日後被鎮壓。	
			是年洋書調所改制為開成所，後來成為東京大學一部分。	

	中國大事	世界大事
		是年狄更斯撰《雙城記》。達爾文著《物種起源》。
	圓明園被焚。與英、法、俄訂《北京條約》。翌年設總理各國事務衙門，各國使節允許駐京。	
		是年雨果撰《孤星淚》小說。
		美國總統林肯發表解放奴隸宣言。柬埔寨成為法國保護國。

年	月	日	日本大事	
1864	7	8	親幕府的武裝集團新撰組襲擊提唱尊皇攘夷的志士（池田屋事件）。	
	8	20	長州藩以此事為由舉兵入京都，在禁門之變（蛤御門之變）敗於佐幕派。	
	9	5	美、荷、英、法四國聯合艦隊針對長州藩，炮擊下關。	
	8	24	因禁門之變追究長州藩，幕府第一次征討長州。	
			是年水戶藩尊王攘夷的藩士自行上洛倒幕，到加賀時投降，數百人被處死（天狗黨之亂）。	
1865	11	4	英、法、荷艦隊加上美國公使駛入兵庫（今神戶）港，四國要求開港。	
1866	8	29	家茂病死，慶喜任第十五代將軍。第二次長州征討中止。	
			是年幕臣之子前島密建議幕府廢漢字。	
1867	1	30	孝明天皇崩，明治天皇繼位。	
			薩長兩藩聯合公卿岩倉具視，受討幕密敕。	
	11	9	由土佐藩主山內豐信（容堂）遊說，慶喜交出政權（大政奉還）。	

	中國大事	世界大事
	設江南機器製造總局於上海。	美國南北戰爭結束。
		美國向俄羅斯購買阿拉斯加。諾貝爾發明矽藻土炸藥。奧匈帝國成立。《資本論》初版發行。

年	月	日	日本大事	
			是年幕府將葛飾北齋的浮世繪帶到巴黎的萬國博覽會展出。在近畿和東海一帶農民流行「不是很好嗎？」（ええじゃないか）的歌舞，被認為是幕府倒台的讖語。	
1868	1	3	朝廷發佈《王政復古大號令》。	
	1	27	鳥羽伏見之戰起，爆發舊幕府軍與新政府軍間的內戰（戊辰戰爭）。	
	4	6	明治政府發佈以官吏為對象五條誓文。	
	4	20	發佈神佛分離令，旨在將神道國教化。	
	5	3	江戶的幕臣向新政府軍投降，稱「無血開城」。有頑抗的幕臣組成彰義隊，在今日上野附近與新政府軍戰鬥被擊敗。	
			會津、莊內等東北諸藩結成奧羽越列藩同盟，繼續對抗新政府軍。會藩的戰鬥尤為慘烈（白虎隊自刃）。	
	10	23	明治改元，新年號回溯至同年（舊曆）正月初一，此後為一世一元制。	
	10	31	榎本武揚等率開陽丸等舊幕府艦隊逃出。儒勒·布呂奈（Jules Brunet）等幕府的法軍顧問同行。	
	12	4	榎本軍在箱館（今函館）與新政府軍交戰（箱館戰爭）。	
1869	1	27	榎本等成立蝦夷共和國。	
	5	9	明治天皇到江戶城，稱為「皇城」。	

	中國大事	世界大事
	同文館聘西人教習。阿古柏建政於新疆，左宗棠以欽差大臣督陝甘軍務。設天津機器局。	
		是年古巴宣佈脫離西班牙獨立。

年	月	日	日本大事	
	6	27	被圍於箱館五稜郭的榎本武揚軍投降，戊辰戰爭結束。	
	7	25	使諸侯將交出治權，包括領地（版）、領民（籍），稱為「版籍奉還」。	
	9	20	蝦夷地改稱「北海道」，置開拓使促進開發。	

	中國大事	世界大事
		是年托爾斯泰撰《戰爭與和平》。
		是年蘇彝士運河開通。